명언과 역사로 보는
공자의 논어 이야기

先秦經典智慧名言故事叢書 - 《論語》
copyright ⓒ 2004 by Zhang Shu-hua (張樹驊)
All rights reserved
No part of this book may be used or reproduced in any manner
whatever without written permission except in the case of brief quotations
embodied in critical articles or reviews.
Korean Translation Copyright ⓒ 2008 by Dasan Media
Korean edition is published by permission of Qilu Press
through BOOKCOSMOS, Seoul.

이 책의 한국어판 저작권은 북코스모스를 통한
저작권자와의 독점계약으로 다산미디어에 있습니다. 저작권법에 의해
한국 내에서 보호를 받는 저작물이므로 무단전재와 복제를 금합니다.

先秦經典智慧名言故事叢書

명언과 역사로 보는
공자의 논어 이야기
— 논어의 명언 49구 —

중국공자기금회 기획 | 王佃利·時麗 지음 | 남종진 옮김

다산미디어

머리말

 중국 역사상 춘추전국春秋戰國시대는 기존의 사회구조가 해체되면서 새로운 사회질서가 모색되던 시기였다. 주周나라의 예악禮樂은 무너지고, 세상은 질서와 무질서가 끊임없이 뒤바뀌는 혼란한 국면으로 접어들었다. 하지만 이런 소용돌이 속에서 사상계는 오히려 유례없이 활발하게 움직였고, 문화는 극도의 번영을 구가하게 되었다. 공자孔子, 묵자墨子, 손자孫子, 노자老子, 맹자孟子, 장자莊子, 순자荀子, 한비자韓非子, 추연鄒衍 같은 제자諸子들이 잇달아 모습을 드러내고, 유가儒家, 도가道家, 묵가墨家, 병가兵家, 법가法家, 명가名家, 음양가陰陽家 같은 백가百家가 벌떼처럼 생겨났다. 그리하여 중국의 문화사에서 흔히 '백화제방百花齊放' 또는 '백가쟁명百家爭鳴'으로 일컬어지는 첫 번째 문화적 전성기를 맞이하게 되었다. 이는 중국문화의 기본적 틀을 이루었고, 나아가 중국문화의 후속 발전에 영원히 마르지 않는 원천이 되었다.

 선진先秦시대의 제자문화諸子文化는 중국문화의 원류를 이룬다. 당시 형성된 유가, 도가, 묵가, 법가, 명가, 병가 같은 각종 유파는 역사적으로 발전하는 과정에서 서로 대립하고 본받고 융합되면서 수천 년에 걸친 중국문화를 형성하는 밑거름이 되었으며, 역사적으로 갖은 수난을 겪으면서도 끝내 면면히 계승되어 하나의 문화 시스템을 이루었다. 따라서 선진 시대의 제자 문화는 중국문화의 근원이라고 할 수 있다.

선진의 문화는 하夏, 상商, 주周 삼대三代의 문화를 계승한 것이다. 그 가운데는 주공周公과 문왕文王의 도道를 계승함을 자임自任했던 공자의 사상이 있고, "천도天道를 미루어 인사人事를 밝힌" 노자와 장자의 사상이 있고, '겸애兼愛'와 '비공非攻'의 주장을 펼친 묵자의 사상이 있고, '신상필벌信賞必罰'을 주장한 법가의 사상이 있다. 그들은 제각기 유가, 도가, 묵가, 법가 문화의 발전 방향을 열어섰고, 나아가 중국문화의 물줄기를 이루었다.

선진시대 제자백가들이 남긴 경전은 선진 문화를 담은 담체이며, 또한 선진시대 철인哲人들의 지혜의 결정이다. 이는 무궁한 힘을 지니고 있으며, 언제나 사람들의 관심을 끄는 매력을 지녀왔다. 옛사람과 현재의 사람들은 물론 미래의 사람들도 선진 제자들의 경전에 대해 끊임없이 탐구하고 해독함으로써 선철先哲들의 지혜를 깨닫게 될 것이며, 아울러 이를 비판적으로 계승하여 자신이 살고 있는 시대에 필요한 새로운 문화를 일궈

낼 것이다.

『명언과 역사로 보는 공자의 논어 이야기』(논어의 명언 49구)는 중국공자기금회中國孔子基金會의 기획으로 원로에서 신진까지 다수의 학자들이 참여해 편찬한 「선진경전지혜명언고사총서先秦經典智慧名言故事叢書」의 하나다. 「선진경전지혜명언고사총서」는 『주역周易』, 『상서尙書』, 『시경詩經』, 『논어論語』, 『맹자孟子』, 『노자老子』, 『장자莊子』, 『손자병법孫子兵法』, 『관자管子』, 『묵자墨子』, 『순자荀子』, 『한비자韓非子』, 『예기禮記』, 『좌전左傳』, 『국어國語』, 『전국책戰國策』, 『여씨춘추呂氏春秋』 등 선진 시기의 주요한 문헌들을 망라한다.

이 책의 구성과 집필에는 다음 몇 가지 점에 중점을 두었다.

첫째, 원서를 모두 읽기에 부담스러운 독자들을 고려해 원서의 내용 가운데 예로부터 널리 알려진 구절만을 선별해 수록했다. 명언의 선별은 '현재도 생명력을 갖는' 것을 우선적인 기준으로 삼았다. 또한 원서의 요점을 개괄적이고 정확하고 일맥상통하게 엿볼 수 있는 핵심적인 내용들을 중점적으로 추렸다. 아울러 선별된 명언은 원서의 순서에 따랐다.

둘째, 선별된 명언은 하나하나가 모두 선철先哲들의 빛나는 지혜의 결정이다. 하지만 오랜 세월의 괴리는 현대인들이 쉽게 이해할 수 없게 만들어 놓았다. 따라서 일반 독자들이 원서의 내용을 쉽게 이해할 수 있도록 선별된 명언에는 간단한 풀이를 더하고, 역사적 배경을 설명하고, 현대적 의미를 덧붙여 시간적 거리를 극복하고 진정한 의미를 깨달을 수 있게 하였다.

셋째, 선별된 명언마다 그 내용에 상응하는 예화例話를 덧붙였다. 예화는 명언과 연관된 역사적 사실이나 전문傳聞 또는 명언에 담긴 정신이 후세에 미침으로써 나타난 역사적 사례, 인물의 행위 등을 찾아 소개함으로써 독자들이 명언의 의미를 보다 깊이 있게 이해할 수 있도록 하였다.

중국공자기금회

차 례

머리말

『논어』와 공자 | 2

01. 배우고 익히면 기쁘지 않겠는가? | 10
02. 말재간이 번지르르하고 안색을 잘 꾸미는 사람치고 어진 사람은 드문 법이다 | 15
03. 나는 날마다 자신을 되풀이 반성한다 | 20
04. 잘못이 있으면 고치기를 주저하지 말라 | 24
05. 군자는 배부름을 구하지 않는다 | 30
06. 도덕에 의지한 정치는 북극성과도 같다 | 36
07. 쉰 살에 이르러 천명이 무엇인지를 알았다 | 42
08. 앞서 배운 지식을 잘 되새기면 스승이 될 수 있다 | 47
09. 사람이 믿음이 없다면 어찌해야 좋을까? | 53
10. 어질고 너그러운 풍속이 있는 마을에 살라 | 59
11. 옳지 않은 재물과 지위는 누리지 말라 | 63
12. 아침에 진리를 깨달으면 저녁에 죽어도 좋으리라 | 68
13. 남들이 알아줄 만한 사람이 되어라 | 72

14. 어진 사람을 보거든 그와 닮으려고 노력하라 | 78

15. 도가 실행되지 못하면 뗏목을 타고 바다로 가야겠구나 | 83

16. 상대방의 말을 듣고 난 다음에는 그 행동을 살펴라 | 89

17. 곤궁한 자는 구제하되 부유한 자를 보태주지는 말라 | 94

18. 꾸밈과 바탕이 균형을 이루어야만 군자이다 | 99

19. 안다거나 좋아하는 것은 즐기는 것만 못하다 | 104

20. 귀신을 공경하되 매달리지는 말라 | 112

21. 지혜로운 사람의 즐거움은 물과 같다 | 118

22. 자신이 서고 싶은 곳에 남을 세워라 | 122

23. 남을 일깨움에 게으름을 부리지 말라 | 129

24. 재물을 모으고 높은 자리에 오르는 것은 내게는 뜬구름과도 같은 것이다 | 135

25. 세 사람이 함께 가다 보면 반드시 본받을 만한 것이 있게 마련이다 | 143

26. 군자는 위급한 순간에도 큰 절개를 지킨다 | 148
27. 선비는 몸에 진 짐은 무겁고 갈 길은 멀기에 도량은 넓고 의지는 강해야 한다 | 156
28. 인을 행하는 것은 자신에게서 비롯된다 | 163
29. 추운 겨울이 되어서야 소나무와 잣나무가 나중에 진다는 사실을 알게 된다 | 168
30. 지나친 것은 못 미치는 것과 같다 | 174
31. 사사로운 욕심을 이겨내고 언행을 예법에 맞게 하라 | 179
32. 사해 안에 사는 사람이 모두 형제가 된다 | 185
33. 백성들에게 믿음을 얻지 못한다면 나라는 존립할 수 없다 | 190
34. 군자는 남이 아름다움을 이루게 한다 | 196
35. 군자의 덕은 바람과 같고 소인의 덕은 풀과 같다 | 202
36. '인'은 남을 사랑하는 것이다 | 207
37. 서두르면 목표에 이르지 못하고 작은 이익을 탐내면 큰일을 이루지 못한다 | 211
38. 도덕에 걸맞은 말을 한다고 반드시 덕이 있는 것은 아니다 | 218
39. 이익을 보면 정의를 생각하고 위험을 보면 목숨도 내던질 수 있어야 한다 | 225

40. 하늘을 원망하지 않고 사람을 탓하지도 않는다 | 233
41. 지혜로운 사람은 사람도 잃지 않고 대화도 잃지 않는다 | 239
42. 큰 뜻을 품은 사람은 자신을 죽여서 인을 이룬다 | 246
43. 길게 생각하지 않으면 눈앞에 근심이 생긴다 | 252
44. 자신에게는 엄격하고 남에게는 너그러워라 | 256
45. 자신이 원치 않는 일을 남에게 행하지 말라 | 261
46. 소문을 듣고 퍼뜨리는 것은 덕을 버리는 짓이다 | 267
47. 위기에 부딪치면 목숨을 바칠 생각을 하고, 이익을 얻게 되면 정당한 것인지 생각하라 | 271
48. 군자는 사소한 도리를 일삼지 않는다 | 277
49. 널리 배워 뜻을 돈독히 하고 간절히 물어 문제에 접근하라 | 281

명언과 역사로 보는

공자의 논어 이야기

『논어』와 공자

공자孔子(기원전 551년~기원전 479년)는 이름은 구丘이고, 자는 중니仲尼이며, 노魯나라 사람이다. 공자는 중국 춘추春秋 시대 말기의 위대한 사상가이자 교육자로, 유가儒家 학파를 창시한 인물이다. 공자의 사상은 한漢나라 이래로 중국에 있어서 주도적 지위를 지닌 사상이었다. 송나라의 대유大儒 주희朱熹는 "하늘이 공자를 낳지 않았다면, 오랜 세월 기나긴 밤과 같았을 것이다."라고 하여 공자가 중국문화에 미친 영향을 강조한 바 있다. 공자는 한 세대 또 한 세대의 사람들에게 영향을 주었다. 지금 우리도 공자의 사상이 지닌 정화를 받아들여야 한다.

위대한 사상가 공자
(송 마원馬遠)

『논어論語』는 공자에 대한 가장 직접적이고 믿을 만한 자료다. 『논어』는 공자의 언행록言行錄으로, 공자의 행적과 그가 주변 인물들과 문답한 내용을 기록한 책이다. 동한東漢의 반고班固는 『한서漢書』 「예문지藝文志」에서 "『논어』는 공자가 제자를 비롯한 당시 사람들과 문답한 내용, 공자의 제자들이 서로 문답한 내용과 공자에게서 전해 들은 말을 기록한 것이다. 당시 제자들은 나름대로 기록해 둔 것이 있었는데, 공자께서 세상을 떠난 뒤에 제자들이 모아서 편찬하였기에 '논어'라고 부른다."고 하였다.

그렇다면 어떤 제자들이 『논어』를 편찬하였을까? 동한 말기의 경학자經學者인 정현鄭玄은 중궁仲弓, 자유子遊, 자하子夏 등이 편찬한 것으로 보았고, 북송北宋의 유학자 정호程顥는 『논어』에 '증자曾子', '유자有子' 같은 말이 나오는 것을 근거로 증자와 유자의 제자들이 편찬한 것이라고 여겼다. 곽기郭沂는 『논어』를 편찬한 사람은 공자의 문하에서 '덕행德行'과 '문학文學' 두 가지 방면에 뛰어났던 제자들과 그들의 제자들로, 즉 민자건閔子騫, 염백우冉伯牛, 중궁, 자유, 자하 등이라고 주장했다. 『논어』 「선진先進」편에는 "덕행에는 안연顏淵, 민자건, 염백우, 중궁이 뛰어나고, 언어言語에는 재아宰我와 자공子貢이 뛰어나며, 정사政事에는 염유冉有와 계로季路가 뛰어나고, 문학에는 자유와 자하가 뛰어나다."라는 말이 실려 있다. 곽기의 결론은 정현의 견해와 가까운 편인데, 논증이 설득력이 있어서 정호의 추측보다는 한결 합리적이다.

자료를 살펴보면, 『논어』는 늦어도 한나라 초기에는 이미 만들어져 있었음을 알 수 있다. 곽점郭店에서 출토된 전국시대의 초간楚簡에 따르면, 『논어』가 만들어지고 또 '논어'라는 이름이 확정된 것은 빠르게는 전국시대 중기로 거슬러 올라갈 수 있다.

『논어』가 전파되는 데 있어서 한나라는 매우 중요한 시기로, 아마도 한나라 초기에 서로 다른 학파에 의해 입에서 입으로 전해졌을 것이다. 그런데 당시 학파마다 서로 다른 방언을 사용하였기 때문에 최종적으로 간독簡牘에 기록된 문자에도 서로 차이가 생겼을 것으로 보인다. 보다 중요한 것은 각 학파가 전한 내용은 공자의 언급에 대한 그들 나름의 이해와 관계가 있다는 사실이다. 그러므로 『논어』의 각 판본은 특정한 학파의 연구 결과를 종합한 것이며, 나름의 체계를 갖는 것이라고 할 수 있다.

한나라 때에 『논어』는 「노론魯論」, 「제론齊論」, 「고문논어古文論語」의 세 가지 판본이 있었다. 「노론」은 20편으로 구성되었고, 「제론」은 22편이며, 「고문논어」는 21편이다. 「제론」은 그 가운데 20편은 장구章句가 「노론」과 비슷하지만, 「노론」에 비해 「문왕問王」과 「지도知道」 2편이 더 많다. 「고문논어」는 「문왕」과

「지도」 2편은 없지만 「요왈堯曰」의 "자장문子張問"을 1편으로 나누어 두 개의 「자장子張」편이 있고, 각 편의 차례도 「제론」, 「노론」과는 다르며, 글자도 4백 자 이상이 다르다.

「노론」은 노魯나라 땅의 학자들 사이에서 전수되고, 「제론」은 주로 제齊나라 땅의 학자들 사이에서 전수되는 등 각각 전수되었다. 그런데 서한西漢 말기에 안창후安昌侯 장우張禹는 먼저 「노론」과 「제론」을 차례로 공부한 뒤에 두 가지 판본을 하나로 합쳤는데, 편명篇名은 「노론」에 따르고, 제목은 「장후론張侯論」이라고 붙였다. 장우는 한나라 성제成帝의 사부라는 중요한 지위에 있었기에 그의 판본은 당시 유학자들 사이에서 크게 존중받았다.

「고문논어」는 경제景帝 때에 노공왕魯恭王 유여劉餘가 공자의 옛집에서 발견한 것이다. 유여는 공자의 옛집을 허물다가 벽속에 감춰둔 고문古文으로 기록된 『논어』와 그 밖의 진귀한 문헌들을 발견했다. 「고문논어」는 당시 전수되지 않고 있었다. 그 후 동한 말기에 이르러 정현이 「노론」의 편목篇目을 기초로 하고 「제론」과 「고문논어」를 참조하고, 여기에 주석을 붙여서 지금 우리가 보는 『논어』의 모습으로 만들었다. 지금 전하는 『논어』는 모두 20편으로 구성된 어록체語錄體의 글이다.

공자의 사상이 오랜 세월 동안 경전으로 추앙받은 것은 그것이 시대를 초월하는 생명력을 지니기 때문이다. 공자의 사상은 '인仁'과 '예禮'를 핵심으로 한다. 공자는 체계적인 '인학仁學'을 제시했다. 그는 '인仁'이란 "자신이 원하지 않는 일을 남에게 억지로 행하지 않고", "자신이 서고 싶은 곳에 남을 세우고, 자신이 도달하고 싶은 곳에 남을 도달하게 하는" 것이라고 하였다. 공자의 '인학'에 있어서, '인'은 내재된 도덕적 자질인 것이다. 사람이 훌륭한 도덕적 자질을 갖느냐의 여부는 개인의 자기수양에서 결정되는 것이며 남의 영향을 받아 결정되는 것이 아니다. 공자는 "효제는 인을 행하는 근본일 것이다."라고 하여 가정에서의 인의 근본은 '효제孝悌'라고 하였다. 또 가정 밖의 인간관계에서 인은 '충서忠恕'로 구현된다고 하였는데, 여기서 '충서'에 담긴 의미는 사람을 진실하게 대하고 너그럽게 대하는 것이다. 공자는 '인정仁政'과 '덕치德治'를 매우 중요하게 여겼다. 『논어』「위정爲政」편에서 "나라를 다스리는 데에 있어서 도덕에 의지할 수 있다면, 마치 북극성은 자리를 잡고 있고 수많은 별들이 그 주위를 에워싸는 것과 같다."고 하였는데, 이는 '인'이 정치적 측면에서 지니는 특수한 의미다.

 '예禮'는 공자의 학문에 있어서 또 하나의 대표적 사상이다. 공자에게 있어서 '예'는 사회생활에서의 도덕적 원칙, 정치제도, 경제제도 등 다양한 문화적 규범을 의미하는 것으로, 사람의 사회적 행위를 제약하는 기본적 준칙이 된다. 따라서 가정에서든 군신 사이에서든 예를 기본 준칙으로 삼아야 한다.『논어』「안연顔淵」편에는 "예에 어긋나는 것은 보지 말고, 예에 어긋나는 것은 듣지 말고, 예에 어긋나는 것은 말하지 말고, 예에 어긋나는 것은 행하지 말라."고 하여 '예'는 일종의 행위 준칙임을 강조했다. 또 "예를 배우지 않으면 설 수가 없다."고 하여 '예'를 한 개인의 입신立身의 기틀로 간주했다.

공자는 '인'을 핵심으로 삼고, '예'를 수기안인修己安人의 가치규범으로 삼아서, 유가학설의 체계를 만들고 유가학파의 창시자가 된 것이다.

공자의 사상은 이미 2천 년도 넘는 동안 계승되어 왔다. 공자 사상의 정화는 우리도 실천할 수 있다 사람들은 공자의 사상은 오늘날 사회의 발전과 각종 문제의 해결에 큰 도움을 준다고 말한다. 오랜 계승의 과정을 통해『논어』에 담긴 많은 사상은 사람들에게 널리 알려졌고, 명언으로 자리 잡았다.

『논어』

공자의 묘소(중국 산동성 곡부)

공자의 사당(중국 산동성 곡부)

공자의 논어 이야기

01.
배우고 익히면 기쁘지 않겠는가?

공자가 말했다.

"배우고 수시로 배운 것을 익히면 기쁘지 않겠는가? 벗이 멀리서 찾아오면 즐겁지 않겠는가? 남들이 알아주지 않더라도 성내지 않는다면 군자가 아니겠는가?"

子曰자왈: "學而時習之학이시습지, 不亦說乎불역열호? 有朋自遠方來유붕자원방래, 不亦樂乎불역락호? 人不知而不慍인부지이불온, 不亦君子乎불역군자호?"

「학이學而」

풀이

子자 덕망과 작위를 지닌 인물 내지 스승에 대한 존칭. 여기서는 공자 孔子를 가리킴.
時시 때때로. 수시로.
說열 '열悅'과 같음. 기쁨.
人인 타인.
亦역 또한. 역시.
乎호 어기사.
慍온 성냄. 화냄.
君子군자 덕망과 학식을 겸비한 이상적 인격의 소유자를 가리킴. 중국 고대에 있어서 많은 사람들이 추구한 이상적 인간상이었음.

해설

이는 공자가 인생의 세 가지 이상으로 삼은 배움, 교제, 자기 수양에 대해 개괄한 말이다. 공자는 부단히 지식을 쌓아서 세상 이치를 터득하고, 남들과 사귐에 있어서 믿음과 의리를 쌓고, 심신을 수양하여 자신의 덕성을 기르는 것을 세상을 살면서 행해야 할 세 가지 이상이라고 했다.

공자는 세 가지 이상 가운데서도 배움을 가장 우선시했다. 그는 "기쁘지 않겠는가!"라고 했다. 글을 읽고 학문을 닦는 것은 언제나 자신이 즐거워야만 남도 즐겁게 만들 수 있다. 또 언제 어디서나 배운 것을 돌이켜본다면, 학문을 쌓는 동시에 자신의 수양도 높일 수 있다.

공자는 사람들에게 사람됨의 도리를 배우는 것을 일깨워주었다. 자신을 위하고, 타인을 완성시키고, 나아가 세상을 다스리는 이치는 한 가지다. 때문에 역사적으로도 "반 권의 『논어』로 천하를 다스리다."라는 이야기가 전한다.

예화

조보가 반 권의 『논어』로 천하를 다스리다

조보趙普는 북송北宋의 유명한 정치가로, 원래는 후주後周의 절도사이던 조광윤趙匡胤의 수하에서 벼슬살이를 하던 인물이었다.

후주 현덕顯德 7년인 서기 960년에 군사를 이끌고 북벌에 나선 조광윤이 진교陳橋에 이르렀을 때, 조보는 조광윤에게 쿠데타를 일으키게 했다. 쿠데타는 성공했고, 조광윤은 황제의 자리에 오르게 되었다. 역사에서는 그를 태조太祖라고 부른다.

황제의 보위에 오른 조광윤은 조보를 일약 재상에 기용했다. 조보는 조광윤이 천하를 손아귀에 넣을 때부터 남방을 평정하고 통일을 이룩하기까지 조광윤을 그림자처럼 따르며 많은 공을 세웠다. 하지만 본래 낮은 벼슬아치 출신인 조보는 다른 문관들에 비해 학식이 크게 모자랐다. 조보를 재상에 기용한 태조도 그에게 독서를 권유했다. 마침내 조보는 날마다 퇴청해 집으로 돌아오면 방문을 닫아걸고 홀로 독서에 몰두했다.

그런데 하루는 조보의 집안사람이 그의 서재를 청소하다가

서궤에 달랑 『논어』 한 권만이 놓여 있는 것을 보았다. 이런 사실은 사람들의 입을 타고 퍼져나갔고, 마침내 "반부논어치천하半部論語治天下", 즉 "반 권의 『논어』로 천하를 다스린다."는 말이 널리 유행하였다.

태조가 세상을 떠나자 아우 조광의趙匡義가 뒤를 이었는데, 역사에서는 그를 태종太宗이라고 부른다. 태종은 조보를 재상에 유임시켰다. 그런데 하루는 어떤 사람이 태종에게 조보는 바탕이 거칠고 학식도 『논어』만 겨우 읽었을 정도로 형편없으니 재상의 중책을 맡는 것은 부당하다며 헐뜯었다. 하지만 태종은 생각이 달랐다.

"조보가 글을 많이 읽지 못했다는 것은 과인도 알고 있지만, 『논어』밖에 읽지 않았다는 말은 믿을 수 없소."

그 후 하루는 태종이 조보와 한담을 나누다가 갑자기 이런 질문을 던졌다.

"누군가 말하기를 경은 『논어』밖에 읽지 않았다고 하더이다. 그게 사실이오?"

조보는 사실대로 대답했다.

"신이 아는 것은 『논어』에 담긴 이야기를 넘어서지 못합니다. 하지만 신은 예전에는 반 권의 『논어』로 태조 황제를 모시고 세상을 평정했습니다. 그리고 지금은 남은 반 권의 『논어』로 폐하를 보필해 천하를 태평하게 만들 것입니다."

훗날 조보가 세상을 떠나자, 가족들은 조보의 유품을 정리하면서 그의 서궤를 열어보게 되었다. 거기에는 과연 소문대로 『논어』 한 권이 덩그러니 놓여 있었다.

02.
말재간이 번지르르하고 안색을 잘 꾸미는 사람치고 어진 사람은 드문 법이다

공자가 말했다.
"말재간이 번지르르하고 안색을 잘 꾸미는 사람치고 어진 사람은 드문 법이다."

子曰자왈: "巧言令色교언영색, 鮮矣仁선의인." 「학이學而」

풀이

巧言교언 교묘한 말재주.
鮮선 흔히 보기 어려움.

令色영색 얼굴빛을 보기 좋게 꾸밈. 아첨하는 얼굴.

해설

'인仁'은 공자가 개인과 사회에 있어서 이상으로 여긴 것이다. 공자는 '인'이 지닌 깊이를 특별히 강조했는데, 그저 남이 듣기 좋게 말하고 보기 좋게 웃는 것은 '인'과는 거리가 먼 것이며, '인'이란 겉으로 꾸며 남에게 기쁨을 주는 것이 아니라 마음 깊이 담겨 있는 참된 마음가짐임을 밝혔다.

말을 번지르르하게 하고 얼굴빛을 보기 좋게 꾸미는 사람들은 남을 쉽게 현혹시킨다. 하지만 꾸며낸 겉모습은 이면에 엉큼한 속내를 감추고 있고, 번지르르한 말은 시비를 뒤섞어버리기 십상이다. 이런 사람에게는 어진 덕성이 존재하지 않는다. 이런 사람이 권력을 잡으면 나라와 백성에게 재앙을 가져올 수도 있다. 역사를 돌아보면 어리석은 황제의 주변에는 늘 이런 사람들이 있었다.

예화

왕소업이 가면 쓴 행각을 벌이다

남조南朝 제齊나라의 왕소업王蕭業은 준수한 용모에 절도 있는 품행을 지닌 인물이었다. 그는 서예를 무척 좋아했는데, 조부인 무제武帝는 왕소업이 쓴 글씨를 황궁에서 반출하지 못하게 엄명을 내렸다.

왕소업은 좋은 언행으로 사람들에게 칭송을 받았다. 무제의 맏아들이자 왕소업의 부친인 문혜태자文惠太子는 왕소업의 일상생활에 사사건건 개입해 단속했다. 그러자 왕소업은 사람들에게 이렇게 말했다.

"불가佛家에서는 복이 있는 사람은 제왕의 집에서 태어난다고 하지만, 황제가 된다는 것은 큰 죄과인 것 같소. 주변 장수들을 보시오. 그들은 걸핏하면 이런저런 이유로 체포당하지 않소? 그러니 차라리 저잣거리의 백정이나 술장수가 낫겠소."

왕소업은 이런 말로써 자신은 황제의 자리에 아무런 미련이 없다는 것을 내비쳤다. 그런데 건강이 좋지 못했던 문혜태자는 황제의 자리에 오르지도 못하고 병으로 세상을 떠났다. 문혜태자가 병석에 드러눕자 왕소업은 슬퍼하며 아버지의 병구완을 도맡았다. 왕소업의 효성스러운 모습에 사람들은 모두 감동했다. 하지만 왕소업은 자기 방으로 돌아오면 언제 그랬느냐는 듯이 얼굴에 웃음을 띠며 평소와 다름없이 마음껏 술을 퍼마셨다.

한번은 무제가 동궁을 찾았다. 왕소업은 무제를 보더니 통곡을 하며 쓰러졌다. 무제는 그런 왕소업을 끌어안고 위로했고, 더욱 왕소업을 아끼는 마음을 갖게 되었다.

문혜태자가 세상을 떠나기에 앞서 왕소업은 무당 양씨楊氏를 시켜 자신이 하루빨리 황제의 자리에 오르게 되기를 발원하게 했다. 그리고 문혜태자가 마침내 세상을 떠나자 왕소업은 이것이 양씨의 발원 덕택이라고 여기고 양씨에 대한 믿음이 더욱 깊어졌다.

또 무제가 병에 걸리자 왕소업은 다시 양씨에게 밤낮으로 무제가 하루빨리 죽게 되기를 발원하게 했다. 무제의 병이 위중해질 무렵에 왕소업은 자신이 아끼는 비妃에게 편지를 보냈는데, 편지 한가운데에 '기쁠 희喜'자를 크게 써넣고, 주위에 36개의 작은 '희'자를 에둘러 놓았다. 하지만 왕소업은 무제의 병구완을 하면서는 한없이 슬픈 표정을 지으며 눈물을 흘렸다. 무제가 죽음을 언급할 적이면, 왕소업은 낮게 흐느꼈다. 무제는 왕소업의 이런 모습을 보면서 그가 제왕의 중책을 맡기에 적임이라고 생각했다. 무제는 눈을 감으면서 왕소업의 손을 잡고 이렇게 말했다.

"네 부친을 생각해서라도 잘 해내야 한다."

무제는 몇 차례나 간곡히 당부하고서야 비로소 눈을 감았다. 하지만 왕소업은 무제의 시신을 관에 넣자마자 무제의 가기歌妓들을 불러 음악을 연주하게 했다. 가기들은 명령에 따라 하는 수 없이 눈물을 흘리며 음악을 연주했다.

황제의 자리에 오른 왕소업은 국정을 모조리 대신들에게 맡겼고, 이를 문제 삼는 대신들의 간언은 완전히 무시했다. 그는 또 자기 마음대로 심복들에게 상을 내렸다. 그는 돈을 보면 이렇게 말했다.

"전에는 한 푼도 없었는데 이젠 마음껏 쓰게 되었구나!"

무제가 다스리던 시절에는 국고에 화폐, 금은, 비단이 잔뜩 쌓여 있었지만 왕소업이 황제의 자리에 오르자 일 년도 못되어 절반이 탕진되고 말았다. 그리고 그가 황제의 자리에서 쫓겨날 무렵에는 국고가 텅 비어 있었다.

03.
나는 날마다 자신을 되풀이 반성한다

증자가 말했다.

"나는 날마다 거듭 자신을 반성한다. 남을 위해 하는 일에 최선을 다하지 않은 점은 없었던가? 벗과 사귐에 진실하지 못했던 점은 없었던가? 스승에게서 전수받은 것을 그냥 넘기지는 않았던가?"

曾子曰증자왈: "吾日三省吾身오일삼성오신 爲人謀而不忠乎위인모이불충호? 與朋友交而不信乎여붕우교이불신호? 傳不習乎전불습호?"

「학이 學而」

풀이

曾子증자 공자의 제자. 이름은 삼參, 자는 자여子輿.
三省삼성 거듭 자신을 반성함. '삼三'은 다수를 가리킴.

해설

증삼曾參은 공자의 제자 가운데서도 자기 수양으로 명성을 떨친 인물이다. 그가 자신을 살피는 데에 있어서 중점을 두었던 것은 도덕적 수양과 학문이었다. 그는 벗과 사회에 대해서는 책임감을 가지라고 요구하고, 배움에 대해서는 부지런하라고 요구했다.

"나는 날마다 거듭 자신을 반성한다. 남을 위해 하는 일에 최선을 다하지 않은 점은 없었던가? 벗과 사귐에 진실히지 못했던 점은 없었던가? 스승에게서 전수받은 것을 그냥 넘기지는 않았던가?"라는 증삼의 소박하면서도 진지한 언급은 그가 정직한 성품과 굳은 신념을 가진 인물이었음을 보여준다. 이 말은 후세 사람들에게 자기 수양의 모범이 되었다.

예화

증삼이 돼지를 잡아서 아들과의 약속을 지키다

증삼과 아내 공양씨公羊氏 사이에는 증원曾元이라는 아들이 있었다.

 어느 날 아침, 공양씨가 장을 보러 나서는데, 증원이 따라가겠다며 떼를 썼다. 아무리 달래도 소용이 없었다. 하는 수 없이 그녀는 담벼락 아래에 있는 돼지를 눈짓으로 가리키며 말했다.

"말을 잘 들으면 장에 다녀와서 돼지를 잡아주마."

 공양씨가 장을 보러 나가자 증원은 책을 보고 있던 증삼에게 달려가 이런 사실을 말씀드렸다.

 공양씨가 장에서 돌아오자 마침 증삼은 돼지를 붙들어 묶고 있었다. 곁에서는 어린 증원이 신이 나서 무엇이라 재잘대고 있었다. 의아한 생각이 든 공양씨가 물었다.

"뭘 하시나요?"

"돼지를 잡으려하오!"

 공양씨는 증삼을 흘겨보았다.

"명절도 아닌데 무엇 때문에 돼지를 잡으려는 거예요?"

 증원이 옆에서 재잘거렸다.

"엄마가 장보러 가면서 그러셨잖아요? 돌아와서 돼지를 잡아주신다고. 왜 딴소리를 하세요?"

 공양씨는 아들의 말에는 대꾸도 않고 증삼의 앞을 막아섰다.

"아침에 돼지를 잡겠다고 한 것은 증원을 떼놓으려고 한 말일 뿐이에요. 아이를 달래려고 한 말을 어떻게 어른이 액면 그대로 받아들이나요?"

증삼은 정색을 했다.

"아이를 속여서는 아니 되오. 아이는 그것이 농담이라는 것을 몰라요. 아이는 부모를 본보기로 삼는 법이오. 부모가 가르치는 대로 따르는 법이란 말이오. 어머니가 어찌 자식을 속일 수 있겠소? 부모는 아이가 가장 믿고 의지하는 사람이오. 당신이 아이를 속인다면 그건 거짓말을 가르치는 것이오. 어머니가 자식을 속이면 자식은 어머니를 믿지 않게 될 것이오. 아이가 자라서 당신처럼 남을 속인다면 어찌하겠소?"

증삼의 말에 공양씨는 고개를 떨어뜨렸다. 그리고 묵묵히 증삼을 도와 돼지를 잡았다.

증삼이 돼지를 잡아서 아들을 속이려는 아내를 훈계했다는 일화는 널리 알려진 이야기다.

04.
잘못이 있으면
고치기를 주저하지 말라

공자가 말했다.
"군자가 장중하지 못하면 위엄이 서지 않으며, 배우더라도 굳건할 수 없다. 진실과 믿음을 위주로 하고, 자신과는 다른 사람과는 벗하지 말아야 한다. 잘못이 있으면 고치기를 주저하지 말아야 한다."

子曰자왈: "君子不重則不威군자부중즉불위, 學則不固학즉불고. 主忠信주충신, 無友不如己者무우불여기자. 過과, 則勿憚改즉물탄개."

「학이學而」

풀이

無무 '물勿'과 같음. '…하지 말라'의 의미.
己기 자기. 자신.   **憚**탄 꺼림.

해설

공자는 배움에 뜻을 둔 사람은 성실하고 적극적으로 매진하고, 또 잘못을 과감하게 고칠 줄 알아야 한다고 했다.

사람들은 자신의 잘못을 고치기는커녕 오히려 감추려고 하는 잘못을 흔히 저지른다. 때문에 공자는 "잘못이 있으면 고치기를 주저하지 말아야 한다."고 하여, 사람은 자신의 잘못을 바로잡는 용기가 있어야 하며, 그것이야말로 진정한 학문이자 도덕임을 특별히 강조한 것이다.

예화

주처가 잘못을 뉘우치고 새 사람이 되다

서진西晉 때에 의흥宜興에 주처周處라는 사람이 있었다.

주처는 어려서 아버지가 세상을 떠났기 때문에 집안에는 그의 행동을 단속할 사람이 없었다. 키가 훤칠하고 힘이 셌던 주처는 공부는 하지 않고 날마다 밖으로만 돌아다녔고, 성격이 난폭해 남을 두들겨 패기가 일쑤였다. 심지어 흉기를 휘두르기도

했기 때문에 마을 사람들은 모두 그를 두려워했다.

의흥에 인접한 남산南山에는 백호 한 마리가 있었는데 가끔 마을로 내려와 사람과 가축을 해쳤다. 사냥꾼들도 호랑이를 어찌하지 못했다. 또 장교長橋 아래에는 커다란 교룡이 수시로 출몰해 사람들에게 피해를 끼쳤다. 의흥 사람들은 주처, 남산의 호랑이, 장교의 교룡을 일러 의흥의 '세 가지 근심거리'라고 말했다. 더욱이 '세 가지 근심거리' 가운데서도 주처를 가장 골치 아픈 존재로 여겼다.

어느 날 주처는 외출을 했다가 사람들이 근심에 휩싸여 있는 모습을 보고 한 노인에게 까닭을 물었다.

"올해는 풍년이 들었는데 어째서 그런 모습을 하고 있소?"

노인은 언짢다는 듯이 대답했다.

"세 가지 근심거리가 있는데 어찌 근심스럽지 않겠나?"

주처는 처음으로 '세 가지 근심거리'라는 말을 들었다.

"'세 가지 근심거리'라니 그게 뭐요?"

"남산의 호랑이, 장교의 교룡, 그리고 자네가 바로 '세 가지 근심거리'가 아니겠나?"

주처는 깜짝 놀랐다. 마을 사람들이 자신을 호랑이와 교룡처럼 골칫거리로 여기고 있다는 사실에 충격을 받은 주처는 한동안 아무 말도 하지 못했다. 한참이 지나서야 비로소 말문을 열었다.

"좋소. '세 가지 근심거리' 때문에 고통을 겪는다니 내가 그것들을 한꺼번에 없애드리리다."

이튿날 아침, 주처는 활을 메고 검을 차고 남산으로 호랑이를 잡으러 올라갔다. 울창한 숲으로 들어서자 어디선가 호랑이 울음소리가 들리더니 순식간에 호랑이 한 마리가 허공으로 솟구쳤다. 주처는 재빨리 나무 뒤로 몸을 숨기고 화살을 날렸다.

"쉬익!"

이마에 화살을 맞은 호랑이는 그대로 땅바닥에 떨어졌다.

주처는 산을 내려와 마을 사람들에게 호랑이를 없앴다는 사실을 알렸다. 그러자 몇몇 사냥꾼이 산으로 올라가 호랑이 사체를 끌고 내려왔다. 마을 사람들은 주처에게 고마움을 표시했다. 그러자 주처는 이렇게 말했다.

"그럼 이번에는 장교의 교룡을 없애드리리다."

하루 동안 휴식을 취한 주처는 다시 교룡을 찾아 장교로 갔다. 물속 깊숙이 숨어 있던 교룡은 주처를 발견하자 금세라도 잡아먹을 태세로 덤벼들었다. 주처는 잔뜩 벼르고 있다가 교룡을 향해 매섭게 칼을 휘둘렀다. 교룡은 중상을 입고 하류로 달아났고, 주처는 교룡을 바짝 뒤쫓았다. 교룡이 물위로 떠오르면 주처도 따라 떠오르고, 물속으로 들어가면 바닥까지 쫓아 들어갔다. 주처와 교룡은 물위로 떠올랐다가 가라앉았다 하기를 거듭하며 수 십리를 쫓고 쫓겼다.

한편, 사흘 밤낮이 지나도록 주처가 돌아오지 않자 마을 사람들은 의견이 분분했다. 마침내 사람들은 주처와 교룡이 모두 죽었다고 결론짓게 되었다. 당초 마을 사람들은 주처가 호랑이와 교룡을 없앨 것이라고 생각했지만 뜻밖에도 '세 가지 근심거리'가 한꺼번에 사라진 셈이었다. 사람들은 기뻐하며 거리로 몰려나와 서로에게 축하를 건넸다.

하지만 나흘 째 되는 날 주처는 아무 일도 없었다는 듯 마을로 돌아왔다. 마을 사람들은 경악했다. 알고 보니 상처를 입고 주처에게 쫓기던 교룡은 피를 너무 많이 흘려 더 이상 달아나지 못하고 결국 주처에게 죽임을 당했던 것이었다.

마을로 돌아온 주처는 자신이 떠나고 사흘이 지나자 사람들이 자신이 죽은 것으로 여기고 기뻐했다는 사실을 알게 되었다. 비로소 지난날 자신의 행동이 사람들에게 얼마나 큰 고통을 주었는지를 깨닫게 되었다.

주처는 오吳나라로 가서 훌륭한 스승을 찾아 공부하겠다는 결심을 세웠다. 당시 오나라에는 육기陸機와 육운陸雲이라는 두 사람의 명망 있는 학자가 있었다. 주처는 그들을 찾아갔다. 육기는 어디론가 가고 없었고, 육운만이 집에 있었다. 주처는 육운에게 개과천선하고 싶다는 생각을 진지하게 털어놓았다.

"이제 비로소 제 잘못을 뉘우치게 되었습니다. 그동안 많은 소중한 시간을 허비했습니다. 이제는 뭔가 큰일을 하고 싶습니다. 하지만 너무 늦은 것은 아닐는지 걱정입니다."

육운은 주처를 격려했다.

"실망할 것 없네. 그런 결심을 했으니 밝은 앞날이 있을 걸세. 사람이란 의지를 잃는 것이 두려운 것일 뿐이네."

주처는 육기와 육운을 스승으로 모시고 공부에 매달리는 한편 자신의 수양에도 힘썼다. 주처가 열심히 공부하는 모습을 본 주변 사람들은 칭찬을 아끼지 않았다. 1년이 지나자 관청에서는 그를 관리로 채용했다. 훗날 주처는 진나라가 오나라를 멸망시키자 진나라의 관리가 되어 훌륭한 업적을 남겼다.

05.
군자는 배부름을 구하지 않는다

공자가 말했다.

"군자는 먹음에 배부름을 구하지 않고, 거처에 편안함을 추구하지 않으며, 일에 있어서는 재빠르고, 말에 있어서는 조심스러우며, 도덕을 갖춘 사람에 나아가 자신의 잘못을 바로 잡는다. 이와 같다면 배움을 좋아하는 사람이라고 할 수 있다."

子曰자왈: "君子食無求飽군자식무구포, 居無求安거무구안, 敏於事而愼於言민어사이신어언, 就有道而正焉취유도이정언, 可謂好學也已가위호학야이."　　　　　　　　　　　「학이學而」

풀이

飽포 배부름.
愼신 신중함.
正정 바로 잡음. 고침.
敏민 민첩함.
就취 다가섬. 접근함.

해설

공자는 '배움을 좋아한다'는 것은 '열심히 배움'과 '잘 배움'의 두 가지를 포괄하는 것이라고 여겼다. '열심히 배움'은 사람으로 하여금 물질적인 것에 전혀 연연하지 않고 배움을 최우선의 목표로 삼게 한다. 그리고 '잘 배움'이란 말만 앞세우지 않고 실천에 힘쓰며 또 가르침을 청할 줄 아는 것으로, 배움의 방법이다. 성실한 마음과 효과적인 방법이 있어야만 배움을 좋아한다고 말할 수 있다.

공자가 여기서 강조한 '배움'은 죽은 독서를 가리키는 것이 아니다. 그것은 현실에서의 사람됨과 처세에 중점을 둔 것이다. 예컨대 편안한 생활을 탐내지 않으며, 말은 경솔히 하지 않고 실천은 빠르게 하는 것이다.

끝으로 공자는 "도가 있는 곳에 나아가라."고 강조한다. 독서를 통해 사람됨의 이치를 배우는 것 이외에도 도덕을 갖춘 인물을 배움의 대상이자 행위의 모범으로 삼아야 한다는 것이다.

예화

공자가 자로의 거친 행동을 타일러 깨우치게 하다

공자의 제자인 자로子路는 노魯나라 동쪽에 있는 사수泗水 출신으로, 공자보다 아홉 살이 적었다.

자로는 가난한 집안 태생이었지만 부모에게 무척 효성스러웠다. 자신은 들판의 풀과 열매를 따먹고 허기를 달래면서도 백리 길을 찾아가 부모님께 드릴 곡식을 구해 왔다. 이런 고달픈 생활은 자로에게 굳센 기백을 길러주었지만, 다른 한편으로는 그를 용맹함을 좋아하고 예의범절을 모르는 사람으로 만들었다.

하루는 공자가 제자들과 함께 수레를 타고 노나라의 도성을 벗어나 나들이를 갔다. 그런데 갑자기 수레가 멈춰 섰다. 공자가 의아한 생각이 들어 물었다.

"왜 수레를 멈췄는가?"

수레를 몰던 남궁경숙南宮敬叔이 대답했다.

"선생님, 어떤 사내가 앞을 막고서 비켜주지 않습니다."

"비켜달라고 타일러 보려무나."

남궁경숙은 수레에서 내려 자로에게 말했다.

"수레가 지나가게 좀 비켜 주시오."

하지만 자로는 거칠게 대꾸했다.

"수레에 타고 있는 작자가 누구신감? 어째서 내가 비켜 줘야

하지?"

"수레에 타고 계신 분은 공 선생님이시오."

당시 공자는 노나라에서는 물론 국외에서도 파다하게 명성을 떨치고 있었다. 하지만 자로는 상관 않는다는 듯 퉁명스럽게 내뱉었다.

"쳇! 공 선생이 어떻단 말이야!"

남궁경숙은 공자에게 이런 사실을 아뢰었다. 공자가 하는 수 없이 수레에서 내려 몇 걸음 나아가자 무사 차림의 건장한 사내가 앞을 가로막고 서 있었다. 그는 용맹함을 내보이려는 듯 모자에 수탉 깃털을 꽂고, 허리에 가죽 장식을 늘어뜨리고, 긴 칼을 차고 있었다. 공자는 수염을 쓰다듬으며 천천히 입을 열었다.

"어디에 사는 사람이시오?"

자로는 공자를 보면서 경멸하는 투로 대꾸했다.

"사수 사람, 중유仲由라고 하오. 당신이 무슨 상관이오?"

자로가 선생님께 무례하게 구는 광경을 본 제자들은 금방이라도 뛰쳐나가 주먹질이라도 할 태세였다. 공자는 손을 내저어 제자들을 만류하고, 다시 자로에게 물었다.

"당신은 무엇을 좋아하시오?"

자로는 고개를 들어 허공을 한번 바라보더니 허리에 차고 있는 검을 왼손으로 두드리며 큰 소리로 말했다.

"검술을 좋아하오."

공자는 자로가 거칠기는 하지만 솔직한 점이 마음에 들었다.

"내가 묻는 것은 그런 뜻이 아니오. 당신이 가진 능력에다 배움을 더한다면, 당신은 장차 큰일을 해낼 것이오."

자로는 커다란 체구를 흔들며 믿을 수 없다는 듯 말했다.

"배우면 좋은 점이 뭐요?"

"사람에게 배움이란 마치 어진 임금에게 정직한 신하가 필요하고, 학문하는 사람에게 학식이 넓은 벗이 필요한 것과도 같은 것이오. 또 수레를 모는 데 채찍이 없어서는 아니 되며, 화살을 쏘는 데 활이 없어서는 아니 되는 것처럼 중요한 것이오."

자로는 자신의 주장을 굽히지 않았다.

"남산의 대나무는 돌보는 사람이 없어도 곧게 잘 자라기만 하오. 그것을 쪼개 화살을 만들면 무소의 가죽도 뚫어버리지. 나는 대나무가 무엇을 배웠다는 말은 들어보지 못했소."

"대나무를 쪼개 마름질하고, 거기에 깃털을 붙이고 날카로운 화살촉을 끼운다면, 더 정확하고 더 깊이 적중하지 않겠소?"

자로는 공자의 이 말에 깊은 이치가 있다는 사실을 문득 깨달았다. 그제야 공자라는 인물이 과연 예사롭지 않은 사람이라는 사실을 알게 되었다. 자로는 자신의 행동이 몹시 부끄러웠다. 얼른 땅바닥에 무릎을 꿇고 머리를 조아렸다.

"시골 촌놈이 선생님을 몰라 뵙고 무례를 저질렀습니다. 용서해 주십시오. 선생님을 따라 배우고 싶습니다. 제자로 거두어 주십시오."

공자는 자로가 담백하게 잘못을 뉘우치는 것이 기뻤다.

"거칠기는 하지만 솔직하고 자신의 잘못을 뉘우칠 줄 아는구나. 보기 드문 훌륭한 자질이다. 좋다. 제자로 받아주마. 어서 일어나라."

자로는 땅에 엎드린 채로 대답했다.

"선생님의 아량에 감사드립니다. 열심히 공부하겠습니다."

제자들이 자로를 부축해 일으켰다. 이리하여 자로는 공자의 곁을 지키며 열심히 공부해 공자 문하의 훌륭한 제자가 되었다.

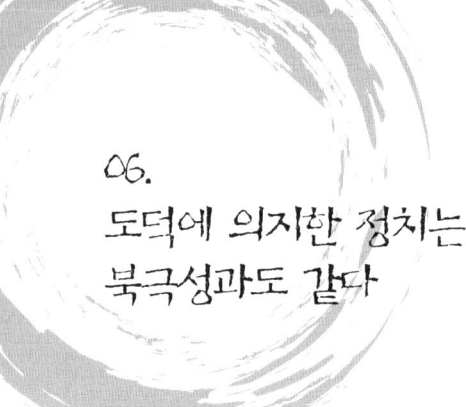

06.
도덕에 의지한 정치는 북극성과도 같다

공자가 말했다.

"나라를 다스리는 데에 있어서 도덕에 의지할 수 있다면, 이는 마치 북극성은 자리를 잡고 있고 수많은 별들이 그 주위를 에워싸는 것과 같은 것이다."

子曰자왈: "爲政以德위정이덕, 譬如北辰居其所而衆星共之비여북신거기소이중성공지."

「위정 爲政」

辰신 북극성.
共공 '공拱'과 같음. '에워쌈'의 의미.

해설

 공자는 "덕으로 정치를 하려면" 먼저 위정자가 훌륭한 덕망을 갖춰야 한다고 생각했다. 위정자가 덕망을 갖추면, 행위에 아무런 흠결이 드러나지 않는다. 그러므로 위정자가 마치 북극성처럼 자신의 주관을 갖고 아랫사람들을 도덕으로 감화시키면, 아랫사람들은 하늘에 반짝이는 뭇별처럼 위정자를 따라 움직이게 된다. 이것은 '무위無爲의 다스림'인 셈이다.

 '무위의 다스림'은 기선을 제압하는 것이다. 어떤 문제가 생기기 전에 원인을 찾아서 문제가 생기지 않게 만드는 것이다. 그래야만 '무위無爲'할 수 있고 또 '무소불위無所不爲'할 수 있다. '기선을 제압한다'는 것은 덕으로 정치를 한다는 것이다. 군자의 덕은 바람과 같고, 소인의 덕은 풀과 같다. 풀은 바람이 부는 방향에 따라 쓰러지게 마련이다. 군주가 덕치德治의 모범을 보이면 사람들은 한 마음으로 따르게 된다.

 공자가 살던 춘추시대는 변란으로 얼룩진 시기로, 위정자들은 서로 권력과 이익을 다투었다. 난세를 만난 공자는 매우 근심스러웠다. 때문에 공자는 위정爲政에 있어서 권력은 부질없으며 도덕과 의리를 닦아야 한다고 주장했다. 공자가 요堯, 순舜, 우禹, 탕湯, 문왕文王, 무왕武王, 주공周公을 숭배한 것은 그들이 덕치를 실천했기 때문이었다.

예화

공자의 제자들이 포부를 밝히다

어느 봄날 공자는 자로子路, 자공子貢, 안회顔回와 함께 교외로 소풍을 나갔다. 일행은 주변 풍경을 즐기며 산을 오르기 시작했다.

산마루에 오르자 발아래 펼쳐진 풍경이 한눈에 들어왔다. 자로가 자신도 모르게 고함을 지르자 이내 골짜기 여기저기서 메아리가 울렸다. 자공은 큰 바위에 올라가 팔다리를 펴고 드러누웠고, 안회는 한마디 말도 없이 공자 곁에 묵묵히 서 있었다.

공자는 산마루에 서자 덧없이 흐르는 세월 속에서 인간이 얼마나 유한하고 왜소한 존재인지 새삼 느껴졌다. 다른 한편으로는 인간의 위대함을 느꼈다. 광활한 대지에 있는 만물 가운데 인간이 지닌 사명은 무엇보다도 소중하다는 사실이 새삼 느껴졌다. 공자는 제자들을 돌아보며 이렇게 말했다.

"산마루에 오르니 마음이 확 트이는구나. 여긴 자신의 소망을 말해 볼 만한 곳이구나. 각기 소망을 말해 보거라."

이런 상황이면 언제나 앞장서 말문을 여는 것은 자로였다. 이번에도 자로가 먼저 한 걸음 앞으로 나섰다.

"북소리가 천지에 진동하고 수많은 깃발이 태양을 가리는 전쟁터에서 대군을 이끌고 적군을 물리치고 싶습니다. 그리하여 천리의 땅을 얻고 수많은 포로를 잡아 개선하는 것이지요."

공자는 "자로는 용사勇士라고 하겠구나."라고 논평했다.

다음에는 자공이 나서더니 드넓은 벌판을 굽어보며 자신 있는 목소리로 말했다.

"두 대국이 저 넓은 들판에서 일촉즉발의 긴장 속에 대치하고 있다면, 저는 흰 옷에 흰 관을 쓰고 차분히 양측의 이익과 손실을 논함으로써 양측을 설득해 전쟁을 막고 싶습니다."

공자는 "자공은 웅변의 사士라고 하겠구나."라고 논평했다.

안회는 벗들의 이야기를 귀담아 들을 뿐 아무 말도 하지 않았다. 마치 자로와 자공이 격앙되어 내뱉는 말에 아무 감흥도 없는 것만 같았다. 안회는 그저 먼 곳만 바라보았다. 잠시 후 공자가 안회에게 물었다.

"회야, 너는 어째서 아무 말도 하지 않느냐?"

안회가 웃으며 대답했다.

"자로는 무武를 이야기했고, 자공은 문文을 이야기했습니다.

그들이 모두 이야기했으니 제가 무슨 말을 더하겠습니까?"

"사람은 나름대로 자기 소망이 있는 법이다. 그들이 말한 것은 그들대로의 의지와 소망일 뿐이다. 너는 깊은 학문을 지녔거늘 어찌 자신의 생각이 없겠느냐? 말해 보거라."

안회는 잠시 생각에 잠기더니 이윽고 말문을 열었다.

"향기로운 풀과 악취가 풍기는 풀은 한 광주리에 담을 수 없습니다. 당요唐堯와 하걸夏桀은 함께 나라를 다스릴 수 없습니다. 서로 부류가 다르기 때문입니다. 저는 훌륭한 군주에게 발탁되어 아버지는 의롭고, 어머니는 자애롭고, 형은 우애롭고, 동생은 공순하고, 자식은 효성스러운 다섯 가지 가르침을 실천하고, 예악禮樂으로 백성들을 감화시켜 전쟁에 대비할 필요 없이 편히 살게 만들고 싶습니다. 무기는 녹여서 농기구로 만들고, 말은 전쟁터를 누비는 대신 밭을 일구게 함으로써, 세상의 모든 전쟁을 없애 백성들이 이별의 고통이 없게 만들고 싶습니다. 그러면 천하의 제후들은 영원히 전쟁의 근심이 없게 될 것이고, 백성들은 편히 생업에 종사할 수 있을 것입니다."

안회의 말에 공자는 감탄을 금치 못했다.

"훌륭하다. 도덕의 말이로구나!"

안회는 자로와 자공에게 농담을 건넸다.

"그러면 자로는 용기와 힘을 쓸 곳이 없게 되고, 자공은 말재주를 펼칠 곳이 없게 되겠군."

자로는 조금 못마땅한 기색이었다. 그는 한 걸음 앞으로 나서더니 공자에게 읍을 하고서 여쭈었다.

"선생님, 저희 세 사람의 소망이 장차 이루어진다면, 선생님께서는 누구를 선택하시겠습니까?"

공자는 수염을 쓰다듬으며 말했다.

"안회는 재물을 손상시키지 않고 백성들을 해치지 않겠다고 했지. 나는 안회를 좇아 작은 예상禮相이 되고 싶구나."

07.
쉰 살에 이르러 천명이 무엇인지를 알았다

공자가 말했다.

"나는 열다섯 살이 되어서 배움에 뜻을 두었고, 서른 살이 되어서는 세상에 발을 딛게 되었으며, 마흔 살이 되어서는 여러 가지 문제에 대해서 더 이상 의문을 품지 않게 되었다. 쉰 살이 되어서는 하늘과 사람의 이치와 고금의 변화 원리를 깨달았고, 예순이 되어서는 어떤 일이든 한 번 들으면 분명하게 판단할 수 있게 되었으며, 일흔 살이 되어서는 생각대로 움직여 욕망을 만족시켰지만 규범을 벗어나는 행위가 나오지 않았다."

子曰자왈: "吾十有五而志于學오십유오이지우학, 三十而立삼십이입, 四十而不惑사십이불혹, 五十而知天命오십이지천명, 六十而耳順육십이이순, 七十而從心所欲칠십이종심소욕, 不踰矩불유구."

「위정 爲政」

풀이

踰유 넘어섬. 범犯함.
矩구 곱자. 여기서는 '사회적 규범'을 의미함.

해설

이는 공자의 말 가운데서도 매우 널리 알려진 말이다. 공자는 사신은 태어나면서부터 저절로 안 사람이 아니라 배워서 알게 된 사람이라고 했다. 학습의 진보에는 오랜 과정이 필요한 것이다.

공자는 간단한 몇 마디 말로 자신의 일생을 개괄했는데, 이는 성공하는 사람이 인생의 각 단계마다에서 이루어야 할 목표를 보여준다. 소년 시절에는 열심히 공부해야 하고, 서른 살 무렵에는 가정을 꾸리고 자기가 하고자 하는 일을 확정해야 한다. 마흔 살 전후에는 굳건한 신념을 가져야 하고, 쉰 살 무렵에는 세상의 이치와 흐름을 분명히 깨달아야 한다. 예순 살에는 안팎

이 서로 통하는 경지에 도달해 갖가지 의견을 정확하게 판단하고 대처할 수 있어야 한다. 일흔 살에는 세상 이치를 자유롭게 운용하고, 또 정신적으로 자유의 왕국에 들어설 수 있어야 한다. 공자의 언급은 간단하고 평범하지만 절실하면서도 깊은 의미가 담겨 있어서 후세 사람들에게 많은 깨달음을 주었다.

유가에서는 인仁, 의義, 예禮, 지智의 가치 관념을 실천하는 것을 천명天命에 순응하는 것으로 여긴다. 해야만 하는 것은 스스로 짊어져야 한다. 천명을 알아서 자신이 있을 곳을 찾아내기 때문에 실망하거나 근심하지 않고, 한순간의 득실이나 한 가지 성패 때문에 근심하지 않는다. 또 사회의 상황이나 생활의 정도, 개인적 영욕, 생명의 안위 때문에 인생의 목표가 흔들리지도 않는다. 공자는 평생 이런 목표를 향해 노력했음에도 쉰 살이 되어서야 천명을 알았다고 했다. 보통 사람이라면 더 많은 노력을 기울여야만 할 것이다.

예화

공자가 자신의 삶을 회고하다

교육자로 유명한 공자는 평생 공부를 게을리하지 않았다. 공자는 만년에 자신의 삶을 회고한 적이 있다.

어린 시절에 공자는 공부에 확고한 뜻을 세웠는데, 이는 그가 훗날 위대한 사상가이자 교육자가 되는 데에 좋은 밑거름이 되었다. 공자는 "나는 열다섯 살에 배움에 뜻을 두었다."고 했다. 당시 공자는 자신이 알지 못했던 많은 지식을 배웠는데, 그것은 마치 어린 새가 날갯짓을 배우고 망아지가 달음박질을 배우는 것과 같은 것이었다.

청년 시절에 공자는 창고를 관리하고 가축을 돌보는 낮은 벼슬을 지낸 적이 있었다. 그는 이런 실무에 있어서도 부지런히 자신을 갈고 닦아서 재능을 내보였다. 전하는 바로는 공자는 나이 서른 즈음에 학생들을 모아 강학講學을 시작했고, 차츰 세상에 이름을 알리게 되었다고 한다. 그래서 공자는 "서른 살이 되어서 나는 세상에 발을 내딛게 되었다."고 말한 것이다.

공자는 "마흔 살이 되어서는 여러 가지 문제에 대해서 더 이상 의문을 품지 않게 되었다."고 했다. 당시 공자는 사물을 객관적으로 관찰하고 분석하는 능력이 뛰어났으며, 아울러 그 속에서 정확한 결론을 이끌어냈다. 이 무렵이 그에게는 인생의 전성기로, 재능은 전례 없이 도약했고 생각은 가장 날카롭고 활발했다. 이 시기는 공자의 학설이 형성되기 시작한 때였다.

공자는 쉰 살이 되었을 무렵에는 하늘이 사람에게 부여한 사명을 인식하고, 조금도 게으름을 부리지 않고 자신에게 맡겨진 사명을 완수했다. 그는 고금의 변천의 이치를 깨닫고 사회의 발전 규율을 미리 헤아리는 능력을 갖게 되었다. 그래서 스스로 "쉰 살이 되어서는 하늘과 사람의 이치와 고금의 변화 원리를 깨달았다."고 한 것이다. 이 무렵에 공자는 인생길에 있어서 성숙의 단계로 들어섰다. 그는 여러 영역에서 자신의 주장과 관점을 제시했고, 고매한 이론과 박학한 학문을 갖춘 명사名士가 되었다.

공자는 "예순이 되어서는 어떤 일이든 한 번 들으면 분명하게 판단할 수 있게 되었다."고 했다. 이는 그가 풍부한 식견을 갖추었기 때문에 세상 사물에 대해 명쾌하게 파악하게 되었음을 보여주는 것이다.

공자는 마지막으로 "일흔 살이 되어서는 생각대로 움직여 욕망을 만족시켰지만 규범을 벗어나는 행위가 나오지 않았다."고 했다. 이 말은 만년에 공자가 제멋대로 생활한 것처럼 들리지만, 기실은 무척 절제했고 또 규범에도 잘 어우러졌다.

공자의 인생 각 시기의 모습을 전체적으로 살펴보면, 소년 시절에는 뜻이 원대했고, 청년 시절에는 의기가 넘쳤으며, 장년 시절에는 학문이 넓고 깊었고, 노년 시절에는 식견이 넓었으며, 만년에는 활달하고 낙관적이었음을 알 수 있다.

공자의 생애를 통해 우리는 인생의 각 단계는 나름의 특징이 있고 또 나름의 요구사항이 있다는 사실을 알 수 있다.

08. 앞서 배운 지식을 잘 되새기면 스승이 될 수 있다

공자가 말했다.

"앞서 배운 지식을 잘 되새긴다면 새로운 깨달음과 수확을 열 수 있을 것이니, 그러면 스승이 될 수 있을 것이다."

子曰자왈: "溫故而知新온고이지신, 可以爲師矣가이위사의."

「위정 爲政」

해설

 남에게 스승이 될 수 있는 자격에 대해 공자는 두 가지를 제시했다. 하나는 학습과 연구에 몰두하는 것이고, 하나는 창조력과 창조력을 찾아내는 정신을 갖는 것이다. 교육을 중요하게 여긴 공자의 일관된 주장을 통해서, 남의 본보기가 되는 사람에 대한 공자의 요구 조건이 매우 높았음을 알 수 있다.

 공자의 이 말은 널리 인용되는데, 끊임없이 배워야 한다는 것을 강조한 말이다. 끊임없이 배워야만 자신의 학문과 수양을 부단히 제고할 수 있다. 다른 한편으로 이 말은 역사를 본보기로 삼아야 한다는 의미를 담고 있다. 개인이나 국가의 성패를 통해 유익한 경험과 교훈을 얻어낼 수 있다. 위정자는 지나간 역사를 본보기로 삼아야 한다. 그래야만 미래를 헤아리는 데에 도움을 얻을 수 있다.

예화

공자가 사양에게 거문고를 배우다

 노魯나라 소공昭公 19년인 기원전 523년 3월, 봄바람이 불고 햇살이 따사로운 어느 날이었다. 수레 한 대가 천천히 달려가고 있었다. 증석曾晳이 수레를 몰고, 공자는 수레끌채를 잡고 서 있었다. 공자가 임성臨城에 있는 사양師襄에게 거문고를 배우러

나선 길이었다.

  음악에 뛰어난 재능을 지닌 공자는 10년도 넘는 연습을 통해 이미 여러 가지 악기를 능숙하게 다룰 줄 알았다. 공자는 배움에 있어서 엄격한 계획성을 갖고 있었다. 그는 항상 몇 년의 세월을 오직 한 가지에만 집중했다. 지난 2년 동안은 민간의 풍속을 살피는 데에 힘을 쏟더니, 이번에는 음악 이론의 연구에 몰두하기 시작했다.

  사양은 노나라의 악관樂官이었다. 고대에는 악관을 '사師'라고 일컬었기 때문에 훗날 악관들은 '사'를 성씨로 삼았다. 사양 역시 마찬가지였다. 사양은 '사양자師襄子'라고도 불렸는데, '자子'에는 존경의 의미가 담겨 있다. 사양은 음악 이론에 조예가 깊어 제후들 사이에서 명성을 떨치고 있었다. 사양은 공자가 자신을 찾아왔다는 전갈에 대문까지 뛰어나와 맞이했다. 사양은 공자 일행을 객실로 안내하고 상빈上賓의 예로 접대했다.

  사양과 공자 두 사람은 이내 화제를 거문고로 옮겼고, 사양은 거문고를 꺼내더니 한 곡을 연주했다. 곁에서 조용히 경청하던 공자는 예사롭지 않은 곡이라는 생각이 들었다. 이제껏 들어본 적이 없는 그런 곡이었다. 사양의 손놀림이나 기교는 대단히 훌륭했다. 연주를 끝낸 사양은 공자를 별채로 안내하고 거문고를 가르쳤다.

공자는 별채에서 사흘 내내 사양이 가르쳐준 곡만 연습했다. 새로운 것은 배우려고 하지 않았다. 사양은 공자가 곡을 난숙하게 연주하자 별채로 찾아와 축하를 건넸다.

"이 곡은 이제 익숙해졌으니 새로운 곡을 연습합시다."

그러자 공자가 말했다.

"곡은 익숙해졌지만 아직 기교가 부족합니다. 그러니 좀 더 연습해야겠습니다."

다시 사흘이 지났다. 별채에서 울려나오는 공자의 거문고 소리는 기교가 뛰어나고 선율이 조화롭고 여운이 무궁했다. 사양은 연신 고개를 끄덕였다. 사양은 공자의 거문고 연주가 어떤 연주자보다도 뛰어나다고 추커세웠다.

"선생께서는 이미 온갖 기교를 모두 터득하셨습니다. 그러니 이제 새로운 내용을 배워도 되겠습니다."

그러자 공자가 대답했다.

"손놀림과 기교는 익었지만 곡에 담긴 정신은 아직도 터득하지 못했습니다. 더욱이 곡을 만든 이의 사람됨이나 모습은 상상조차 하지 못했습니다. 사흘만 더 연습하게 해 주십시오."

공자가 거문고를 연습한 지 열흘째 되던 날, 사양은 곁에서 공자의 연주를 심취해 듣고 있었다. 거문고 소리는 그를 드넓은 바다로 인도했다. 바다는 너무도 드넓고 심오했으며, 너무도 넉넉하고 변화무쌍했다. 거문고 소리는 그를 다시 봄날의 꽃밭으로 인도했다. 이파리에 초록빛이 오르고 꽃이 피어났다. 그리고 새가 지저귀는 소리, 물이 흐르는 소리, 나들이 나온 사람들의 웃음소리가 어우러졌다.

깊은 사색에 빠져 거문고를 타던 공자가 흥분된 어조로 소리쳤다.

"이제 곡을 만든 사람의 모습이 보입니다. 구릿빛 피부, 건장한 몸, 빛나는 눈, 온화한 성품, 듬직한 모습. 세상을 다스리는 제왕의 기백을 지닌 인물 같습니다. 문왕文王 말고 또 누가 이처럼 훌륭한 곡을 만들 수 있겠습니까!"

사양은 얼른 자리에서 일어나 공자에게 예를 표했다.

"제 스승께시 이 곡을 전수하시면서 문왕께서 만든 「문왕조文王操」라고 하셨습니다. 정말 훌륭하십니다. 주周나라 음악의 정수를 한순간에 터득하셨군요."

"모두가 선생의 가르침 덕분입니다. 기예를 배우는 데 훌륭한 스승의 가르침이 없다면, 그것은 마치 어둠 속을 헤매는 것과 다르지 않을 것입니다. 훌륭한 스승을 만나면 암흑의 동굴에서 벗어나 눈앞에 광명이 펼쳐지게 되지요. 이번 걸음은 제게 소득이 큽니다. 내일 작별을 고하렵니다."

두 사람은 작별을 아쉬워했다. 사양은 공자의 거문고에 대한 깊은 조예를 칭송했다. 사양은 음악의 미래가 공자에게 달려 있으며, 세상의 희망 역시 공자에게 달려 있다고 생각했다.

09. 사람이 믿음이 없다면 어찌해야 좋을까?

공자가 말했다.
"사람이 믿음이 없다면 어찌해야 좋을지 알 수 없다. 이는 마치 큰 수레에 끌채끝이 없고 작은 수레에 끌채 고리가 없는 것과 같으니, 어떻게 나아갈 수가 있겠는가?"

子曰자왈: "人而無信인이무신, 不知其可也부지기가야. 大車無輗대거무예, 小車無軏소거무월, 其何以行之哉기하이행지재?"
「위정 爲政」

> 풀이

輗예 큰 수레의 끌채와 횡목을 이어주는 연결쇠.
軏월 수레 끌채와 횡목의 이음새 부위에 설치한 연결쇠 고리.

해설

사람됨이든 처세이든 위정爲政이든 믿음을 지키는 것이 중요하다. 공자는 "사람이 믿음이 없다면 어찌해야 좋을지 알 수가 없다."면서 믿음을 지키는 것이 중요함을 강조했다. 믿음을 지킨다는 것은 개인의 좋은 모습을 만드는 데에 있어서 매우 중요한 요소다. 섣부르게 약속하지 않고, 또 일단 약속한 것은 반드시 실천해야 한다. 세상을 살아가는 동안 많은 사람들은 자신이 한 말을 이내 잊어버리고 만다. 어쩌면 그것은 사소한 것일 수도 있지만 사소한 것에서 믿음을 잃게 된다면 큰일에 있어서도 신뢰를 얻을 수 없게 된다. 믿음이 없으면 결국 남의 신임을 잃게 됨으로써 남을 해치고 자신도 해치게 된다.

예화

유왕이 포사를 기쁘게 하려다 망국의 화를 자초하다

유왕幽王은 서주西周의 마지막 임금으로, 나랏일에는 전혀 아랑곳하지 않고 먹고 노는 데만 열중했던 인물이다.

유왕은 도처로 사람을 보내 미인을 구해 오게 했다. 포향褒珦이라는 신하가 이를 말렸지만, 유왕은 받아들이기는커녕 오히려 포향을 옥에 가두었다. 포향은 3년 동안 감옥에 갇혀 있었다. 그동안 포향의 가족들은 포향을 구하려고 백방으로 노력을 기울였다. 마침내 그들은 문중의 시골 처녀를 돈을 주고 사서 노래와 춤을 가르친 다음 아름답게 단장시켜 유왕에게 바쳤다. 그리고 그 대가로 포향을 옥에서 꺼내려고 했다. 미녀의 이름은 '포사褒姒'라고 했다.

포사를 얻게 된 유왕은 기뻐하며 포향을 풀어주었다. 유왕은 포사를 무척 아꼈다. 하지만 궁중에 들어간 직후부터 포사는 마음이 답답해 단 한 번도 웃지 않았다. 유왕은 포사를 웃게 하려고 갖은 애를 썼지만 포사는 끝내 웃음을 보이시 않았다. 마침내 유왕은 상을 내걸었다. 누구든지 포사를 웃게 만들면 천 냥을 준다는 것이었다.

괵석보虢石父라는 아첨꾼이 있었다. 그는 유왕에게 묘안을 내놓았다.

"지금 천하가 태평한지라 봉화대를 오랫동안 사용하지 않았습니다. 대왕께서는 여산驪山에 가셔서 며칠 푹 쉬십시오. 저녁에 저희가 봉화를 올려 이웃 제후들이 달려오게 하겠습니다. 많은 군사들이 허탕을 치는 모습을 보면 왕비께서는 필시 웃음을 터뜨릴 것입니다."

유왕은 손뼉을 쳤다.

"좋은 생각이오. 그리 합시다."

본래 주나라는 서쪽 오랑캐인 견융犬戎의 침입에 대비해 여산 일대에 20개가 넘는 봉화대를 만들어 두고 있었다. 만약 견융이 침입하면 첫 번째 관문의 파수병이 봉화를 올리고, 그것을 본 두 번째 관문의 파수병이 다시 봉화를 올린다. 이처럼 봉화가 잇달아 오르면 그것을 본 인근의 제후들이 군사를 일으켜 구원하러 오기로 되어 있었다.

유왕은 포사를 데리고 여산으로 올라갔다. 그날 저녁 여산에서는 정말로 봉화가 타올랐다. 봉화를 본 이웃 제후들은 견융이 침범한 것으로 알고 급히 군사를 이끌고 달려왔다. 하지만 견융의 군사는 그림자도 보이지 않았고, 여산에서는 음악소리와 노랫소리만이 들려왔다. 유왕은 사람을 시켜 이렇게 전하게 했다.

"수고들 했다. 여긴 아무 일도 없다. 그저 대왕과 왕비가 불장난을 했을 뿐이니 그냥 돌아가도록 하라."

제후들은 그제야 자신들이 속았음을 알고 분통을 터뜨리며 돌아갔다. 포사는 여산 아래에서 수많은 군사들이 우왕좌왕하는 모습을 보고서 유왕에게 까닭을 물었다. 유왕이 자초지종을 이야기해 주자 포사는 비로소 까르르 웃음을 터뜨렸다. 웃는 포사의 모습을 본 유왕은 약속대로 괵석보에게 천 냥의 상금을 내렸다.

유왕은 포사를 총애한 나머지 마침내 왕후를 폐위하고 포사를 왕후의 자리에 앉혔다. 또 태자를 폐위하고 포사의 아들인 백복伯服을 태자로 삼았다. 폐위된 왕후는 본래 신申나라 제후의 딸이었다. 자신의 딸이 폐위되었다는 소식을 전해 들은 왕후의 아버지는 견융과 연합해 주나라의 도성 호경鎬京을 공격했다. 견융이 쳐들어온다는 소식에 당황한 유왕은 여산에 봉화를 올리라고 명령했다. 이내 봉화가 활활 타올랐다. 하지만 지난번에 속았던 제후들은 아무도 이를 믿지 않았다.

봉화대에서는 대낮에는 짙은 연기가 피어오르고 밤에는 이글대는 불빛이 하늘을 찔렀지만, 구원병은 한 사람도 달려오지 않았다. 견융의 군사가 호경을 덮치자 얼마 되지 않는 호경의 군사로는 도저히 막을 수 없었다. 주나라의 군사는 추풍낙엽처럼 쓰러졌다. 밀물처럼 들이닥친 견융의 군사들은 유왕과 괵석보 그리고 태자가 된 백복을 죽이고 포사를 사로잡았다.

그제야 견융이 진짜로 호경을 침략했다는 사실을 알게 된 제후들은 대군을 이끌고 구원에 나섰다. 하지만 제후의 연합군이 몰려오자 견융의 수령은 주나라의 금은보화를 모조리 약탈하고 궁전에 불을 지른 다음 한발 앞서 물러갔다. 중원中原의 제후들은 본래 태자이던 희의구姬宜臼를 복위시키고, 자신들의 봉지封地로 돌아갔다. 희의구가 임금의 자리에 오르니, 그가 바로 평왕平王이다.

  제후들이 물러가자 견융이 다시 침략해 왔다. 주나라는 서쪽의 많은 땅을 견융에게 빼앗기고 말았다. 평왕은 호경을 방어하기 어렵다고 판단하고 도성을 낙읍洛邑으로 옮기기로 결정했다. 마침내 노나라 효공孝公 37년인 기원전 770년, 평왕은 도성을 낙읍으로 옮겼다. 호경은 서쪽에 위치하고, 낙읍은 동쪽에 위치했기 때문에, 역사에서는 주나라가 호경을 도성으로 삼던 시기를 서주西周라고 부르고, 낙읍으로 천도한 이후를 동주東周라고 부른다.

10.
어질고 너그러운 풍속이 있는 마을에 살라

공자가 말했다.
"어질고 너그러운 풍속이 있는 마을에 사는 것이 좋은 것이다. 어질고 너그러운 풍속이 있는 곳을 골라서 살지 않는다면, 슬기롭다고 할 수 있겠는가?"

子曰자왈: "里仁爲美이인위미. 擇不處仁택불처인, 焉得知언득지?"

「이인 里仁」

해설

공자는 후천적 환경과 행위가 사람에게 미치는 영향을 매우 중요하게 여겼다. 사람은 천성은 비슷하더라도 환경이나 행동이 다르면 서로 달라질 수 있다고 여겼기 때문이다. 따라서 공자는 어질고 너그러운 풍속을 지닌 곳이 가장 이상적인 거처임을 강조했다.

한 걸음 나아가 공자는 '인仁'은 사람이 근심 없이 편안히 살아갈 수 있는 거처라는 점을 강조했다. "어질고 너그러운 풍속이 있는 마을에 사는 것이 좋은 것이다."라는 말은 학문을 하기에 편안한 거처는 '인'을 기준으로 삼아 거기에 도달하는 것임을 강조한 말이다. "어질고 너그러운 풍속이 있는 곳을 골라서 살지 않는다면 어떻게 슬기롭다고 할 수 있겠는가?"라는 말은 학문과 수양이 '인'의 경지에 이르지 못하면 지혜롭다고 할 수 없다는 말이다. 공자의 이런 견해는 후세에 큰 영향을 미쳤다.

예화

맹자의 어머니가 베를 찢어 맹자를 일깨우다

맹자孟子는 공자의 유가학설을 계승한 대표적 인물로, 공자와 더불어 '공맹孔孟'으로 일컬어진다.

맹자는 어린 시절에 묘지 부근에서 살았다. 어린 맹자는 죽은 사람을 무덤에 매장하는 광경을 수시로 보았고, 그것을 흉내 내며 놀았다. 맹자의 어머니는 탄식했다.

"이곳은 네가 살 곳이 아니구나!"

맹자의 어머니는 시장 부근으로 집을 옮겼다. 하지만 그곳에서 맹자가 보게 된 것은 시장 상인들이 호객을 하고 흥정을 벌이는 모습이었다. 맹자는 이번에는 아이들과 어울려 상인들의 모습을 흉내 내며 놀았다. 맹자의 어머니는 또다시 탄식했다.

"이곳도 네가 살 곳이 못되는구나!"

맹자의 어머니는 이번에는 학궁學宮 근처로 집을 옮겼다. 이곳에서 맹자는 항상 글을 읽고 또 수시로 성현에게 제사를 치르는 모습을 보게 되었다. 때문에 맹자도 글을 읽거나 제사를 지르는 모습을 흉내 내며 놀았다. 맹자의 어머니는 맹자의 변화된 모습에 대단히 기뻐했다.

"이곳은 정녕 네가 있을 만한 곳이구나!"

이리하여 맹자는 그곳에서 오래도록 살게 되었다. 맹자는 이런 환경의 도움으로 어려서부터 예의를 익히며 건강하게 성장했다. 사람들은 맹자의 어머니가 환경을 이용해 자식을 은연중에 감화시켰다고 말했다.

한번은 맹자가 학교공부를 마치고 집으로 돌아오자 어머니께서 마침 베를 짜고 있었다. 어머니는 맹자를 보더니 이렇게 물었다.

"공부는 어땠느냐?"

맹자는 건성으로 대답했다.

"그저 그래요."

맹자의 대답에 어머니는 화가 치밀어 이미 짜놓은 베를 칼로 단숨에 잘라버렸다. 맹자는 어머니가 왜 불처럼 화를 내는지 짐작조차 할 수 없었다. 맹자가 조심스럽게 어머니께 까닭을 여쭙자 어머니는 이렇게 대답했다.

"네가 학업에 게으름을 부리거나 중도에 그만둔다면 그것은 내가 베를 잘라버린 것처럼 될 것이다. 덕행을 갖춘 사람이 공부를 하는 것은 명성을 떨치고 지식을 넓히려는 것이다. 그러면 평소에는 평안할 수 있고, 어떤 일을 할 적에는 화를 피할 수 있다. 네가 만약 지금 학업에 게으름을 부리거나 그만둔다면 천한 일밖에는 할 것이 없게 된다. 그리고 화를 피하기도 어려울 것이다."

어머니의 말씀에 깜짝 놀란 맹자는 다시 열심히 공부에 매달렸다. 맹자는 훗날 공자의 손자인 자사子思의 제자를 스승으로 모시고 예禮, 악樂, 사射, 어御, 서書, 수數 등을 익혀 마침내 세상에 위대한 명성을 떨친 대학자가 되었다.

11.
옳지 않은 재물과 지위는 누리지 말라

공자가 말했다.

"재물을 모으고 높은 자리에 오르는 것은 누구나 바라는 것이지만, 그것이 사리에 맞게 얻어진 것이 아니라면 함부로 누려서는 아니 된다. 가난함과 천함은 누구나 싫어하는 것이지만, 그것이 바른 이치로 물리칠 수 없는 것이라면 멋대로 버려서는 아니 된다. 군자가 인仁을 버린다면 그 명성을 어떻게 이루겠는가? 군자는 식사를 하는 동안에도 인을 어겨서는 아니 되며, 아무리 위급한 순간일지라도 반드시 인과 함께하여야 하고, 넘어지고 자빠지는 경우에도 반드시 인과 함께하여야 한다."

子曰자왈: "富與貴부여귀, 是人之所欲也시인지소욕야; 不以其道得之불이기도득지, 不處也불처야. 貧與賤빈여천, 是人之所惡也시인지소오야; 不以其道得之불이기도득지, 不去也불거야. 君子去仁군자거인, 惡乎成名오호성명? 君子無終食之間違仁군자무종식지간위인, 造次必於是조차필어시, 顚沛必於是전패필어시."

「이인 里仁」

해설

"재물을 모으고 높은 자리에 오르는 것은 누구나 바라는 것이지만, 그것이 사리에 맞게 얻어진 것이 아니라면 함부로 누려서는 아니 된다. 가난함과 천함은 누구나 싫어하는 것이지만, 그것이 바른 이치로 물리칠 수 없는 것이라면 멋대로 버려서는 아니 된다."는 말은 "부귀함으로도 마음을 흔들 수 없고, 빈천함으로도 절개를 바꿀 수 없으며, 위세와 무력으로도 의지를 꺾을 수 없다."는 맹자의 말과 그 정신이 서로 통한다.

이상과 절조를 매우 중요하게 여긴 공자의 사상은 훗날 이상적 인격을 추구하는 유가의 지식인들에게 큰 영향을 주었다. 공자의 이런 생각은 제자들의 언행을 통해서도 잘 드러난다.

예화

자로가 부귀영화에 마음이 흔들리다

공자는 제자들과 함께 천하를 주유周遊하던 중 진陳나라에 이르게 되었다. 진나라 임금은 공자 일행을 존경하기는 했지만, 그들에게 중요한 직책을 맡기지는 않았다. 때문에 공자의 제자들은 진나라에서 독서를 하거나, 공자에게서 「시경詩經」 강의를 듣거나, 예법을 배우는 것 이외에는 특별히 할 일이 없었다.

하루는 자로子路와 무마기巫馬期가 들판에 나무를 하러 나갔다. 어느덧 해는 뉘엿뉘엿 지고 있었다. 그들이 잡담을 나누며 나무를 하고 있는데 갑자기 수레소리가 들리더니 이내 뽀얀 흙먼지를 일으키며 수레 한 대가 모습을 드러냈다. 수레는 산기슭에 이르러 멈추었고, 수레에서는 비단옷을 차려입은 부귀한 사람들이 내렸다. 수레에서 내린 사람들은 풀밭에 자리를 잡고 앉아 즐겁게 술을 마셨다. 산기슭에는 사람들이 웃고 떠드는 소리가 메아리쳤다.

멀리서 그들의 모습을 지켜보던 자로는 온갖 생각이 교차했다. 자로는 말없이 눈앞에 펼쳐진 광경을 보고 있던 무마기에게 이렇게 말했다.

"저 사람들은 정말 대단해 보이는 걸! 만약 지금까지 배운 지식을 모두 버린다면 저렇게 될 수 있다고 한다면, 그렇게 하겠는가?"

무마기는 도끼를 내던지고 자로를 노려보았다.

"선생님께서는 '용기 있는 자는 신념을 잃지 않고, 뜻이 있는 자는 이익 앞에서도 의로움을 잃지 않는다'고 하셨네. 자네는 나를 모르는가? 왜 나를 시험하려 하는가? 그 말이 정녕 자네의 속마음인가?"

무마기는 자로의 해명도 마다하고 바위에 걸터앉아 노을을 바라보았다. 자로는 얼굴이 화끈거렸다. 너무도 부끄러웠다. 그리고 무마기의 늠름한 모습이 존경스러웠다.

'내가 눈앞의 부귀영화에 마음이 흔들렸던가? 선생님께서 일러주신 군자의 인격과는 아직도 한참 멀리 있구나!'

자로는 마치 잘못을 저지른 아이 같은 모습으로 이 일을 공자께 말씀드렸다. 공자는 못마땅한 표정으로 자로를 쏘아보더니 아무 말 없이 거문고를 꺼냈다. 느릿하게 시작된 거문고 소리는 점점 격렬해졌다. 연주를 마친 공자는 한참 동안 생각에 잠겼다가 말문을 열었다.

"네가 부귀영화를 부러워한들 나의 이상이 실현되지 못하겠느냐?"

마치 자로에게 묻는 것도 같고, 자신에게 묻는 것도 같았다. 자로는 부끄러운 나머지 공자 옆에서 두 손을 모으고 선 채로 말했다.

"선생님, 죄송합니다. 무마기에게도 부끄럽습니다."

12.
아침에 진리를 깨달으면 저녁에 죽어도 좋으리라

공자가 말했다.
"아침에 진리를 깨달으면 저녁에 죽어도 괜찮을 것이다."

子曰자왈: "朝聞道조문도, 夕死可矣석사가의."

「이인里仁」

해설

"아침에 진리를 깨달으면 저녁에 죽어도 괜찮을 것이다."는 말에는 진리를 깨닫고 싶은 공자의 갈망이 담겨져 있다. 공자는 생명과 바꾸어서라도 진리를 철저하게 깨닫게 되기를 원했다. 우리는 이 말에서 진리를 추구한 공자의 절박한 심정을 엿볼 수 있으며, 또 진리를 추구했지만 얻지 못했을 때의 곤혹스러움과 고뇌를 엿볼 수 있다.

인仁과 지식에 대한 공자의 끊임없는 추구는 제자들에게 깊은 영향을 주었다. "아침에 진리를 깨달으면 저녁에 죽어도 괜찮을 것이다."는 말은 진리를 추구하는 사람들의 한결같은 염원을 담아낸 말이다.

예화

진나라 평공이 사광에게 배움을 구하다

진晉나라 평공平公은 정치적으로 탁월한 업적을 남겼을 뿐 아니라 학문 또한 뛰어난 인물이었다.

평공은 70세가 되어서도 더 많은 지식을 쌓고 싶었다. 그는 늘 자신이 알고 있는 지식은 너무 유한하다는 생각이 들었다. 하지만 나이 일흔이 된 사람이 공부를 하기에는 어려움이 적지 않았다. 특히 평공은 자신의 이런 생각에 대해 믿음을 갖지 못했다. 마침내 그는 현명한 신하인 사광師曠에게 자문을 구했다.

사광은 양쪽 눈을 모두 실명한 늙은이로, 매우 박학다식한 인물이었다. 그는 비록 두 눈으로 세상을 보지는 못했지만, 마음만은 밝았다. 평공은 사광에게 이렇게 물었다.

"내 나이 벌써 일흔을 넘었지만 아직도 더 많은 독서를 통해 학문을 쌓고 싶소. 하지만 나 자신에 대한 믿음이 없소. 너무 늦었다는 생각이 드는구려."

"너무 늦었다고 하시는데, 그렇다면 어째서 촛불을 밝히지 않으십니까?"

평공은 사광이 무슨 말을 하는지 이해할 수 없었다.

"나는 진지하게 말을 하는데, 어째서 허튼 소리를 하는 게요? 신하가 되어 주군을 희롱하는 것이오?"

사광은 평공의 말을 듣고 기뻤다.

"오해십니다. 두 눈이 보이지 않는 신이 어찌 주군을 희롱하겠습니까? 저도 주군께 공부에 대해 진지하게 말씀드리는 것입니다."

"무슨 소리요?"

"소년 시절에 배우기를 좋아하는 것은 아침 햇살과 같다고 합니다. 햇살은 비출수록 더욱 밝아지고, 그 시간도 오래갑니다. 장년 시절에 배우기를 좋아하는 것은 한낮의 햇살과 같다고 합니다. 비록 절반이 지나갔지만 여전히 햇살이 강하고 아직 많은 시간이 남아 있습니다. 노년 시절에 배우기를 좋아한다면 해가 저물면 촛불을 켜면 됩니다. 촛불은 별로 밝지 않고 또 한계가 있지만 암흑 속에서보다는 많은 것을 찾아낼 수 있습니다."

평공은 환히 깨닫는 바가 있었다.

"훌륭한 말씀이오. 그렇소! 이제 믿음이 생겼소."

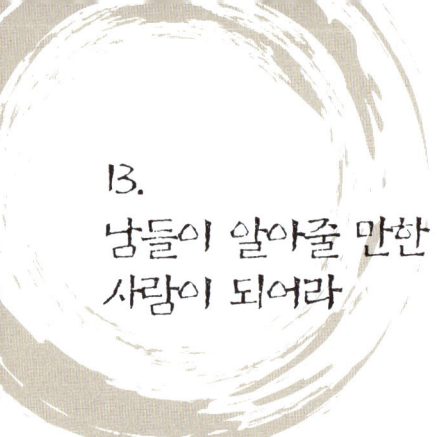

13.
남들이 알아줄 만한
사람이 되어라

공자가 말했다.

"지위가 없는 것을 걱정할 것이 아니라 그 지위의 소임을 다할 수 있는지를 걱정하라. 자신을 알아주지 않는 것을 걱정할 것이 아니라 알아줄 만한 사람이 되려고 애써야 한다."

子曰자왈: "不患無位불환무위, 患所以立환소이립. 不患莫己知불환막기지, 求爲可知也구위가지야."

「이인 里仁」

해설

 사람은 지위가 없는 것이 두려운 것이 아니다. 자신이 설 수 있는 근본이 없는 것이 가장 두려운 것이다. 사람은 자신을 알아주는 사람이 없는 것이 두려운 것이 아니다. 자신을 알아주는 사람이 없다는 것을 두려워할 필요는 조금도 없다. 자신에게 충실하다면 남들은 저절로 알아주게 될 것이기 때문이다.

 사람이 진정한 재주를 지니고 있다면 언젠가는 황금처럼 빛을 발하게 될 것이다. 중요한 것은 어떻게 자신을 황금과 같은 존재로 만들 수 있는가다. 기회는 준비된 사람에게 미소를 지을 것이다. 부단히 노력해야만 성공을 얻을 수 있다.

예화

소진이 좌절을 이겨내고 여섯 나라의 재상이 되다

 춘추전국시대는 중국 역사상 많은 기인奇人들이 나온 시기다. 그들 가운데서도 세 치 혀로 제후들을 유세해 제齊, 초楚, 연燕, 한韓, 조趙, 위魏, 진秦 나라의 전국칠웅戰國七雄을 좌지우지하고, 여섯 나라의 재상을 맡아 육국六國의 합종合縱을 이룩한 소진蘇秦이야말로 기인 중의 기인이라고 할 것이다.

 가난한 집안 출신인 소진은 일찍이 동쪽 제나라로 가서 당시 이름난 모략가謀略家이던 귀곡자鬼谷子를 스승으로 모시고 공부했다. 소진은 공부를 마치자 주周나라 현왕顯王과 진秦나라 혜왕惠王 등을 유세했지만 소득을 얻지 못했다.

실의에 빠진 소진은 고향으로 돌아갔다. 그를 맞이한 것은 따뜻한 위로나 격려가 아니었다. 부모는 낭패하여 돌아온 그에게 한없이 모욕을 퍼부었고, 베틀에 앉아 있던 아내는 내다보지도 않았다. 몹시 시장했던 소진은 형수에게 밥 한 그릇을 청했지만 형수는 땔감이 없다는 구실로 밥을 지으려고 하지 않았다. 소진은 눈물을 흘리며 자신의 신세를 한탄했다.

"이런 꼴이 되고 나니 아내는 나를 남편으로 여기지 않고, 형수는 나를 시동생으로 여기지 않는구나. 하긴 부모조차도 나를 자식으로 여기지 않으니!"

소진의 탄식에 부모, 형수, 아내는 모두 코웃음을 쳤다.

"주나라의 관습은 누구든지 생업에 종사해 20퍼센트의 이익을 내야 한다. 근본적인 생업을 내던지고 쓸데없는 짓에 매달리다가 이런 꼴이 되었으니 당연한 것이 아닌가?"

소진은 이 말에 자신이 너무 부끄러웠다. 상심한 소진은 문을 닫아걸고 다시 공부에 매달렸다. 늦은 밤까지 책을 손에서 놓지 않았다. 그는 졸음을 막으려고 머리칼을 대들보에 매달아 놓았다. 조느라 머리가 숙여지면 자연히 머리칼이 당겨지게 함으로써 정신을 차리려는 의도였다. 이것이 더 이상 효과가 없자 이번에는 송곳으로 자기 허벅지를 찔렀다. 피가 다리를 타고 줄줄 흘러내렸다. 이것이 예로부터 전해지는 "머리칼을 들보에 매달고, 송곳으로 허벅지를 찌른다."는 이야기다.

소진은 자신이 가지고 있던 열 상자에 이르는 책을 모조리 독파했다. 이어서 그는 주나라의 강태공姜太公이 지은 『음부陰符』라는 책을 구해서 파고들었다. 일 년이 지나자 소진은 마침내 책에 실린 비결을 모두 터득했고 제후들을 설득할 비책을 마침내 찾아냈다. 소진은 감격을 억누를 수 없었다.

"이제 군주들을 설득하는 데에 아무 문제가 없다."

소진은 스승의 가르침과 독서를 통해 부귀영화를 얻지 못한다면 아무리 많이 공부하더라도 쓸모없는 것이라고 여겼다. 소진은 이제 다시 세상으로 나가 제후들을 유세하기로 마음먹었다.

소진은 먼저 연나라의 문후文侯를 찾아가 여섯 나라가 연합해 강력한 진秦나라에 맞서자는 계책을 내놓았다. 소진의 주장은 단번에 효과를 보았고, 그는 연나라의 재상에 발탁되었다. 당시 전국칠웅 가운데 패자霸者는 진나라였다. 나머지 여섯 나라는 강력한 진나라에 맞서 자신을 지키는 것이 절실한 상황이었다. 때문에 소진의 '합종책合縱策'은 훌륭한 계책이었다. 하지만 현실적으로 합종을 행하기란 결코 쉬운 일이 아니었다. 여섯 나라를 일일이 설득해 상호동맹관계를 구축해야 했다. 당시 전국의 책사策士와 유세객들은 대부분 이에 착수하는 것 자체를 두려워했고, 각자의 이해에 따라 이리저리 흔들렸다. 하지만 소진은 그들과는 달리 나름의 확고한 생각을 지니고 있었다.

소진은 "닭의 머리가 될지언정 소의 꼬리는 되지 말라."는 유명한 말로 한나라 선왕宣王을 설득했다. 자존심의 중요성을 설파한 이 말은 대국의 위협에 복종하던 소국의 군주에게는 대단히 효과적이었다. 한나라는 더 이상 진나라에게 복종하지 않기로 마음먹고 합종에 찬성했다. 결과적으로 여섯 나라는 합종을 약속했고, 모든 나라가 소진을 재상으로 삼았다.

소진은 여섯 나라 재상의 인끈을 매고 금의환향했다. 소진의 아내와 형수는 마을 밖까지 나와 소진을 맞이했다. 아내와 형수는 땅바닥에 머리를 조아리고 소진을 쳐다보지도 못했다. 소진은 형수와 재미있는 대화를 나누었다.

"예전에 형수는 내게 밥도 주지 않으셨는데, 지금은 어찌해 이리도 공손하게 대하시오?"

"서방님의 높은 지위와 많은 재물이 저로 하여금 서방님을 우러르게 만듭니다."

소진은 이 말에 또다시 탄식을 내뱉었다.

"세상인심은 차가운지 따뜻한지를 살피고, 사람은 지위의 고하를 좇는구나. 이제야 비로소 부귀공명이 사람에게 얼마나 중요한 것인지를 알겠구나."

소진은 한바탕 너털웃음으로 지난 미움을 훌훌 털어버렸다. 소진은 가족들을 화려한 수레에 태우고 고향집으로 돌아가 친지들에게 재물을 고루 나누어 주었다.

14.
어진 사람을 보거든 그와 닮으려고 노력하라

공자가 말했다.

"어진 사람을 보거든 그 사람과 같아지려고 생각하고, 어질지 못한 사람을 보거든 자신을 되돌아보아야 한다."

子曰자왈: "見賢思齊焉견현사제언, 見不賢而內自省也견불현이내자성야."

「이인 里仁」

해설

공자는 사회의 잦은 변란과 인심의 속절없는 변화에 마음이 상했지만, 사람은 내면을 잘 수양하면 이상적인 인격을 이룰 수 있다고 생각했다. 때문에 공자는 늘 인생을 낙관적으로 보았다.

공자는 그 구체적 방법도 함께 제시했다. 그것은 끊임없이 자기반성을 하는 것이다. 즉 도덕과 학문을 갖추고 아울러 훌륭한 인물을 보면 분발해 그와 같은 사람이 되려고 애쓰고, 그렇지 못한 사람을 보면 그를 거울삼아 자신의 잘못을 돌이켜보라는 것이다. 그렇게 꾸준히 발전해 나가면 인仁의 경지에 이를 수 있다는 것이다.

예화

공자가 자하의 어리석음을 일깨워주다

하루는 자하子夏가 책 한 권을 다 읽고 공자를 찾아뵈었다. 마침 안회顔回가 곁에서 공자를 모시고 있었다. 자하는 독서를 마친 뒤의 뿌듯한 마음을 억누르지 못하고 공자에게 이렇게 말했다.

"선생님, 방금 이 책을 다 읽었습니다. 마음이 날아갈 것만 같습니다."

공자는 즐거워하는 자하의 모습에 이렇게 되물었다.

"책을 읽고서 어떤 느낌이 들었느냐?"

이것이야말로 자하가 말하고 싶었던 것이었다.

"책은 해와 달처럼 사물을 훤히 비춰주고, 뭇별들처럼 풍부하고 다채로운 내용을 담고 있습니다. 책에는 요堯임금과 순舜임금의 훌륭한 도덕이 담겨 있고, 하우夏禹, 상탕商湯, 문왕文王의 고상한 예의가 담겨 있습니다. 선생님께 배운 것은 꼭 명심하겠습니다. 초가삼간에서 살더라도 선생님의 고매한 인격과 이상을 거문고를 타며 노래할 것입니다. 벗이 찾아오면 즐거울 것이고, 찾아오지 않더라도 즐거울 것입니다. 저는 밥 먹는 것도 잊어버리고 독서에 몰두하고 인격을 수양할 경지에 이르렀습니다. 『시경詩經』에는 '횡목을 하나 걸쳐 문설주를 만들면, 집이 부서져도 살 수 있고, 맑은 물로 허기를 달랠 수도 있다.'고 했습니다."

자하는 말을 마치고 공자를 쳐다보았다. 스승님의 칭찬을 기대하는 눈치였다. 하지만 뜻밖에도 공자는 얼굴을 일그러뜨리더니 발끈 화를 냈다.

"내 제자가 거창하게 글을 논하는구나!"

자하는 스승이 정말로 화가 났음을 알고는 전전긍긍하며 입도 벙긋하지 못했다. 노여움을 삭이지 못한 공자가 말했다.

"너는 겉만 보고 속은 보지 못했구나."

"선생님, 겉은 이미 보았습니다만, 속에 무엇이 있는지요?"

"문만 바라보고 안으로 들어가지 않는다면, 어떻게 깊숙이 감춰진 것을 볼 수 있겠느냐? 문을 들어서면 깊이 감춰져 있는 비밀을 찾아내는 것이 어렵지 않다. 나는 진작부터 정성을 기울여 이제 겨우 문을 들어섰다. 그것은 마치 험준한 산마루에 올라서는 것과도 같아서 그 풍경이 기묘하기 짝이 없다. 앞에는 깎아지른 절벽이 서 있고, 뒤로는 천 길 낭떠러지가 자리 잡고 있느니라."

안회와 자하는 공자의 말에 순간 서로를 바라보았다. 안회가 말했다.

"문만 바라보고 안으로 들어가지 않는다면, 거기에 감춰진 깊은 이치를 알 수 없습니다."

이에 자하는 공자에게 공손히 예를 갖추며 말했다.

"선생님의 말씀대로 학문의 큰 문으로 깊이 들어가 일념으로 사물에 담긴 깊은 이치를 탐구하겠습니다."

훗날 숙손무숙叔孫武叔이 조정에서 대부들에게 이 일화를 거론하며 이렇게 말했다.

"자공은 스승인 중니仲尼보다도 낫습니다."

누군가 이 말을 자공에게 전하자 자공은 이렇게 말했다.

"집의 담장으로 비유하겠네. 우리 집 담장은 어깨 높이 정도

공자의 논어 이야기 81

밖에 되지 않아서 누구든지 밖에서 집안을 들여다볼 수가 있다네. 그러나 스승님의 담장은 몇 길 높이여서 대문을 통해 들어가지 않는다면 그 안에 있는 웅장한 건물들을 볼 수가 없네. 그런데 대문을 찾아낼 수 있는 사람은 그리 많지 않을 것이네. 그러니 숙손무숙이 그렇게 말하는 것도 당연한 것일세."

진자금陳子禽이 자공에게 말했다.

"너무 겸손하시군요. 중니가 어떻게 선생보다 낫겠소?"

그러자 자공이 대답했다.

"사람은 말 한마디로 자신의 지혜를 내보일 수도 있고, 무지함을 드러낼 수도 있소. 때문에 말이란 신중해야 하는 것이오. 우리 선생님을 능가할 수 있는 사람은 없소. 사다리를 타고 하늘에 오를 수 없는 것과 같은 것이오. 만약 우리 선생님께서 제후나 경대부卿大夫의 지위에 오르신다면, 자유자재로 백성을 이끌 것이고, 백성은 기꺼이 이에 따를 것이오. 그러니 다른 사람이 어찌 그분을 능가할 수 있겠소?"

15.
도가 실행되지 못하면 뗏목을 타고 바다로 가야겠구나

공자가 말했다.

"도가 실행되지 못하면 뗏목을 타고 바다로 가야겠구나. 그러면 나를 따를 사람은 아마도 자유子由이겠지?"

자로가 이 말을 듣고 기뻐하자 공자는 이렇게 덧붙였다.

"자유는 용맹을 좋아하는 정신은 나보다 낫지만 재능은 쓸 만한 것이 없구나."

子曰자왈: "道不行도불행, 乘桴浮于海승부부우해. 從我者종아자, 其由與기유여?" 子路聞之喜자로문지희. 子曰자왈: "由也好勇過我유야호용과아, 無所取材무소취재." 「공야장公冶長」

풀이

由유 자로子路.　　　　**桴**부 뗏목.

해설

　공자와 자로 사이에 있었던 이 일화는 두 사람의 친밀한 관계를 보여주는 동시에 공자가 어떤 생각을 가졌는지를 보여준다. 두 사람의 대화에서는 지혜롭고 유머러스한 공자의 성품과 열정적이면서도 조급한 자로의 성격이 잘 드러나며, 이상을 이루기 쉽지 않으리라는 공자의 예감과 이를 극복하려는 자기해탈의 적극적 정신 또한 엿보인다.

　"안 되는 줄 알면서도 실행에 옮기는" 공자의 정신은 후세의 유학자들에게 큰 영향을 주어 "자신의 이상이 통하면 세상에 나아가 다스리고, 역경에 처하면 자기 한 몸의 선善을 도모한다."는 보편적 처세 원칙을 지니게 만들었다.

　순조로운 때는 물론 '곤궁함'에 처했을 때 어떻게 자신의 지조를 지킬 것인가는 중요한 문제이다. 평화롭고 너그러운 마음을 지닌다면, 어떤 명성과 이익 앞에서도 자신의 고결함을 지켜내고 무욕無慾의 경지에 이를 수 있다. 이는 세상을 등지고 은둔한 옛날 지식인들에게는 중요한 정신적 원동력이었다.

예화

도연명이 자유의 삶을 찾아 벼슬을 내던지다

동진東晉의 도연명陶淵明은 중국 최초의 전원시인이다. 그가 전원의 모습과 농촌에서의 생활을 소재로 많은 작품을 써낸 것은 그의 경험과 그가 처했던 환경과 연관성이 깊다.

관료계의 부패를 차마 눈뜨고 볼 수 없었던 도연명은 고향으로 돌아가 은둔하는 길을 선택했다. 도연명의 증조부 도간陶侃은 동진 왕조에서 큰 명성을 떨친 장수로 고관을 지낸 인물이었지만 많은 토지를 소유한 지주는 아니었다. 게다가 도연명의 세대에 이르러 집안 형편은 크게 기울어 있었다.

도연명은 어려서부터 독서를 즐겼지만, 벼슬을 하겠다는 생각은 처음부터 갖고 있지 않았다. 그는 가난한 살림 때문에 끼니조차 거르기 일쑤였지만 항상 글을 읽고 시를 짓는 것을 즐거움으로 삼았다. 도연명의 집 앞에는 버드나무 다섯 그루가 있었다. 그는 이를 빗대 자신의 호를 '오류선생五柳先生'이라고 하였다.

훗날 도연명은 경제적으로 더욱 어려운 처지에 빠지게 되었다. 혼자 짓는 농사일만으로는 도저히 가족들을 부양할 수 없었던 것이다. 친지들은 그에게 미관말직이라도 벼슬자리를 얻기를 권했고, 도연명도 그들의 권유대로 할 수밖에 없었다. 고을의 관청에서는 도연명이 명장의 후손인데다 재주가 뛰어났기 때문에 그를 상부에 추천했다. 이리하여 도연명은 유유劉裕의 수하에서 참군參軍이라는 직책을 맡게 되었다. 하지만 도연명은 관리들이 서로 이익을 다투는 모습을 보면서, 이내 관직생활에 염증을 느꼈다. 도연명은 지방 관리로 내보내 줄 것을 자청해 팽택彭澤이라는 고장의 현령으로 부임하게 되었다.

405년 가을, 도연명은 가족들의 생계를 위해 고향집에서 그리 멀지 않은 팽택으로 부임했다. 당시 현령의 급료는 형편없었다. 하지만 도연명은 자리를 이용해 남의 재물을 수탈하거나 뇌물을 받는 짓은 하지 않았다. 현령으로 재임하면서도 경제적으로 궁핍하기는 마찬가지였지만 그래도 농사를 지으며 살던 시절보다는 다소 나은 편이었다. 아무튼 도연명은 별다른 간섭 없이 현령의 직책을 수행해 나갔다.

그해 겨울, 태수는 독우督郵를 팽택으로 파견해 감사를 벌였다. 당시 독우라는 직책은 품계品階는 낮았지만 상당한 권한을 지닌 자리였다. 게다가 이번에 감사를 나온 독우는 아주 거만한 인물이었다. 그는 팽택현의 객관客館에 도착하자 즉시 고을 관리들을 모두 불러모았다.

도연명은 평소 부귀공명을 멸시하는 사람이었다. 권세에 아첨하고 싶은 마음은 추호도 없었다. 이번에 온 독우처럼 상사의 권세에 빌붙어 호령하는 사람은 더욱 경멸했다. 하지만 내다보지 않을 수도 없는 노릇이었다. 채비를 하고 나서는 도연명을 고을 아전이 막아섰다.

"나리, 독우를 뵈려면 관복으로 갈아입으셔야 합니다. 그렇지 않으면 실례입니다."

도연명은 더 이상 견딜 수 없었다. 그는 긴 한숨을 내쉬며 이렇게 말했다.

"쌀 다섯 말의 급료 때문에 시골 소인배에게 허리를 굽힐 수는 없구나!"

도연명은 즉각 관인官印을 봉하고 사직서를 던지고는 80일 남짓 근무한 팽택을 휑하니 떠나버렸다. 후세 사람들은 사람됨이 지조가 있고 맑다는 것을 비유할 적에 흔히 "쌀 다섯 말 때문에 허리를 굽힐 수는 없다."는 도연명의 말을 인용한다.

도연명은 고향 시상柴桑으로 돌아왔다. 자신이 경험한 관료계의 현실은 자신의 의지나 이상과는 너무도 거리가 멀었다. 도연명은 마침내 은거를 결심했다. 그는 은둔하면서 수많은 작품을 지어 자신의 속내를 담아냈는데, 「도화원기桃花源記」역시 그 가운데 하나이다.

도연명은 「도화원기」에서 어지러운 세상을 떠나 자신들만의 삶을 살아가는 사람들의 모습을 생생하게 담아냈다. 작품에 묘사된 세상 밖의 별천지 도화원桃花源은 사실 세상에 존재하지 않는 이상향이다. 그리고 작품에 묘사된 즐겁게 일하며 살아가는 사람들의 여유롭고 평온한 삶은 암울한 시대를 살아가는 사람들의 희망을 대변한 것이었다.

16.
상대방의 말을 듣고 난 다음에는 그 행동을 살펴라

공자가 말했다.

"본래 나는 상대방의 말만 듣고 그의 행실을 믿었지만 이제는 사람을 대함에 있어서 상대방의 말을 듣고 난 다음에 그의 행동을 살펴야겠다고 생각하게 되었다. 재여宰予 때문에 이렇게 바뀌었다."

子曰자왈: "始吾於人也시오어인야, 聽其言而信其行청기언이신기행; 今吾於人也금오어인야, 聽其言而觀其行청기언이관기행. 於予與改是어여여개시."　　　　「공야장公冶長」

해설

공자가 사람을 헤아리는 원칙에 대해 언급한 말이다. 사람을 관찰할 때는 상대의 말과 행위를 두루 살펴야 한다. "열 길 물 속은 알아도 한 길 사람 속은 모른다"는 속담처럼 사람의 겉모습을 파악하는 것은 결코 어렵지 않지만 사람의 소양과 도덕적 자질을 전체적으로 파악하는 것은 결코 쉬운 일이 아니다. 겉으로 드러나는 말과 속에 감춰진 바탕이 반드시 닮은 것은 아니기 때문이다.

공자의 이 말은 자신의 경험에서 비롯된 것이다. 공자는 제자들에게 말은 신중하게 하고 행동은 민첩하게 하라고 충고하였다.

예화

공자가 겉모습만 보고 제자의 사람됨을 잘못 판단하다

공자의 제자들 가운데 재여宰予라는 인물이 있었다. 말솜씨가 뛰어난 재여는 처음에는 공자에게 긍정적인 인상을 주었다. 그래서 공자는 재여를 인정하고 그가 기필코 무언가를 해낼 것이라고 믿었다. 하지만 머지않아 재여는 결점을 드러내고 말았다. 재여는 덕성이 부족하고 무척 게을렀다.

재여는 생각이 활발했지만 때로는 너무 대담했고 또 고집스러웠다. 한번은 노魯나라 임금 애공哀公이 재여에게 물었다.

"종묘宗廟에서 사용할 수 있는 목재는 어떤 것인가?"

재여는 대담하게도 이렇게 대답했다.

"하夏나라는 소나무를 사용했고, 은殷나라는 잣나무를 사용했으며, 주周나라는 밤나무를 사용합니다. 주나라가 밤나무를 사용하는 것은 백성들을 두려워하게 하려는 의도에서입니다."

밤나무를 뜻하는 '율栗'자는 두려움을 뜻하는 '전율戰慄'의 '율慄'과 소리가 같아서 의미가 서로 통한다.

이런 사실을 알게 된 공자는 애공을 부추겼고, 주나라에 대한 설명도 옳지 않았다며 재여를 꾸짖었다.

재여는 또 공자에게 삼년상을 치르는 전통적 예법을 1년으로 고치자고 제안했다. 하지만 예에 어긋나는 이런 제안에 대해 공자는 거침없이 비판했다.

훗날 재여는 공자에게 희한한 질문을 했다.

"덕망을 지닌 사람이 있는데, 그에게 우물에 덕망이 있다고 말해 준다면, 그 사람은 과연 우물로 뛰어들겠습니까?"

공자는 이런 식의 질문을 하는 재여가 후덕한 도를 잃어버렸다고 판단하고 이렇게 일깨워주었다.

"너는 어째서 그런 발상을 하느냐? 군자를 그런 상황에서 멀리 벗어나게 해야지 위험에 빠뜨려서는 아니 된다. 속일 수는 있어도 우롱해서는 아니 되는 것이다."

하루는 공자가 제자들에게 강의를 하던 중에 재여가 결석한 사실을 발견하고 제자를 보내 불러오게 했다. 잠시 후 재여를 찾으러 갔던 제자가 돌아와 그가 방에서 낮잠을 자고 있다고 말했다. 공자는 이 말에 발끈 화를 냈다. 평소 재여는 번지르르한 말재간으로 예의에 맞지도 않는 엉뚱한 생각을 내놓았던지라 공자는 진작부터 단단히 벼르고 있던 터였다. 수업까지 빼먹으면서 낮잠을 잔다는 사실은 공자를 크게 실망시켰다. 공자는 그를 엄하게 꾸짖었다.

"썩은 나무에는 조각을 할 수 없고, 썩은 담장에는 분칠을 할 수 없다."

한편, 공자에게는 담대멸명澹臺滅明이라는 제자가 있었다. 담대멸명은 노나라 출신으로 공자보다 서른아홉 살이 아래였다. 그는 체구가 왜소하고 용모는 볼품이 없었지만 공자를 무척 정성껏 섬겼다. 처음에 공자는 그가 자질이 형편없어서 재목이 되지 못할 것이라고 생각했다. 하지만 담대멸명은 공자를 좇아 열심히 공부했고, 배운 것을 즉각 실천에 옮겼으며, 자기수양에도 힘을 기울였다. 또 일처리가 공명정대하여 공적인 일이 아니면 공경대부를 찾아가는 법이 없었다. 훗날 담대멸명은 양자강 일대를 두루 돌아다니며 명성을 떨쳤는데, 그를 따르는 제자가 3

백 명이나 되었다.

공자는 그런 이야기를 듣고서 감탄을 금하지 못했다.

"나는 하는 말만 듣고서 자질과 능력을 판단했다가 재여를 잘못 판단했고, 용모만 믿고서 자질과 능력을 판단했다가 담대 멸명을 잘못 판단하고 말았구나!"

17.
곤궁한 자는 구제하되
부유한 자를 보태주지는 말라

자화子華가 제齊나라에 공자의 심부름을 가자 염구冉求가 자화의 어머니를 위하여 곡식을 요청했다. 그러자 공자는 이렇게 말했다.

"그에게 1부釜를 주어라."

더 많이 달라고 하자, 공자는 다시 이렇게 말했다.

"1유庾를 더 주어라."

하지만 염유는 곡식을 5병秉이나 주었다. 공자가 말했다.

"자화는 제나라에 가면서 살진 말을 타고, 가벼운 갖옷을 입고

갔다. 내가 듣건대 군자는 곤궁한 사람을 구제하기는 하지만 부유한 자에게 더 보태주지는 않는다고 하더구나."

子華使於齊자화사어제, 冉子爲其母請粟염자위기모청속. 子曰자왈: "與之釜여지부." 請益청익. 曰왈: "與之庾여지유." 冉子與之粟五秉염자여지속오병. 子曰자왈: "赤之適齊也적지적제야, 乘肥馬승비마, 衣輕裘의경구. 吾聞之也오문지야, 君子周急不繼富군자주급불계부."

「옹야雍也」

풀이

子華 자화 공자의 제자. 노魯나라 사람. 성은 공서公西, 이름은 적赤, 자화는 자. 공서화公西華로도 불림. 공자보다 42세 적었음.
釜 부 도량형의 단위. 1부는 6두斗 4승升.
庾 유 2두 4승.　　　　　　**秉** 병 16곡斛. 1곡은 10두斗임.

해설

공자는 도움이 필요한 사람은 도와주되 부유한 사람에게는 더해 줄 필요가 없다는 원칙을 제시했다. 군자는 곤궁한 사람은 구제하지만 부유한 자에게 더 보태주지는 않는다는 것은 비단 경제적 도움만을 가리키는 것이 아니라 위급한 상황에서의 의리와 정신적 지지를 포함하는 것이다.

남이 위급한 상황에서 빠져나올 수 있도록 돕는 것은 진정한 군자의 모습이다. 위급한 상황에 빠진 사람을 도와야만 진실한 감정을 내보일 수 있다. '금상첨화錦上添花'와 같은 것은 결코 소중한 것이 되지 못한다.

예화

한신이 어렵던 시절의 은인을 찾아 후히 보답하다

유방劉邦이 천하를 손에 넣고 한漢나라를 건국하도록 보필한 한신韓信은 진秦나라 말기의 풍운아였다.

한신은 회음淮陰 출신으로, 어려서 아버지를 여의고 어려운 가정환경 아래서 성장했다. 한신은 농사를 지을 줄도 몰랐고, 장사수완도 없었으며, 벼슬아치가 될 길도 없었다. 그는 하는 수 없이 이곳저곳을 떠돌아다니며 하루하루 살아갔다. 배가 고프면 허기를 달래려고 남의 집을 찾아가 먹을 것을 구걸하는 일도 마다하지 않았다. 그러던 중 한신의 어머니마저 세상을 떠나고 말았다.

어머니가 세상을 떠나고서도 한신은 여전히 여기저기를 떠돌며 살아갔다. 그러던 중 그는 한 정장亭長의 집을 날마다 드나들며 공밥을 얻어먹게 되었다. 정장의 아내는 그런 한신이 못마땅했다. 한번은 정장의 아내가 일부러 꼭두새벽에 밥을 지어 일찌감치 아침식사를 해버렸다. 뒤늦게 정장의 집을 찾아간 한신은 한참을 기다렸지만 도무지 아침 식사를 할 기색이 보이지 않았다. 비로소 자신이 공밥을 먹는 것을 못마땅하게 여긴다는 사실을 눈치 챈 한신은 화가 치밀었다. 한신은 맹세했다.

'다시는 남의 공밥을 얻어먹지 않겠다!'

이후로 한신은 배가 고프면 개울로 가서 낚시를 했다. 개울가에는 마을 아낙네들이 나와 빨래를 했다. 며칠이 지나자 그들 가운데 한 아낙이 한신을 동정해 점심밥을 가져다주었다. 굶주린 한신은 체면을 차릴 여지가 없었다. 그는 굶주린 늑대처럼 게걸스럽게 음식을 먹어치웠다. 이후로도 그 아낙은 날마다 한신에게 음식을 가져다주었다.

한번은 식사를 마친 한신이 아낙에게 감사를 드렸다.

"부인의 은혜는 평생 못 잊을 겁니다. 장차 뜻을 이루면 반드시 보답하겠습니다."

아낙은 오히려 한신을 나무랐다.

"사내대장부가 무슨 말씀이세요? 체구가 당당한 분이 굶주리는 모습이 안쓰러워 음식을 갖다 드렸을 뿐입니다. 보답이라니 당치도 않은 말씀이세요."

말을 마친 아낙은 빨랫감을 들고는 횅하니 자리를 떠버렸다. 여인의 뒷모습을 물끄러미 바라보며 한신은 다짐했다.

'언젠가 뜻을 이루면 오늘 한 말을 기필코 실천할 것이다. 반드시 저 부인에게 후히 보답하리라!'

훗날 한신은 유방에게 발탁되어 대장군의 직책을 맡게 되었고, 초한전楚漢戰에서는 유방을 도와 눈부신 전공을 세웠다. 한신은 장량張良, 소하蕭何와 더불어 '한나라 초기의 세 영웅'으로 일컬어졌고, 초왕楚王에 봉해지게 되었다.

초 지방은 한신의 고향이었다. 한신은 예전 빨래터에서 밥을 가져다주던 아낙의 은혜가 떠올랐다. 그는 수소문을 하여 아낙을 찾아내 깊은 감사를 표시하고 많은 재물로 보답했다. 아낙은 결코 큰 보답을 바란 것은 아니었지만, 막무가내 거절할 수도 없었다. 한신은 또 예전에 공밥을 얻어먹은 정장의 집을 찾아가 황금덩이를 선사하며 이렇게 말했다.

"당신은 소인배라서 좋은 일을 끝까지 하지 못했소."

이 일화는 진심으로 남을 돕는 사람은 영원히 보답을 바라지 않으며, 또 어려운 처지에 있으면서도 사랑과 동정으로 남을 돕는 것이 소중하다는 사실을 일깨워준다.

18.
꾸밈과 바탕이 균형을 이루어야만 군자이다

공자가 말했다.
"바탕이 꾸밈을 넘어서면 촌스럽고 천하며, 꾸밈이 바탕을 넘어서면 진실하지 못하다. 꾸밈과 바탕이 균형을 이루어야만 군자인 것이다."

子曰자왈: "質勝文則野질승문즉야, 文勝質則史문승질즉사. 文質彬彬문질빈빈, 然後君子연후군자."

「옹야雍也」

풀이

質질 바탕. **文**문 꾸밈.
野야 촌스럽고 천박함.
史사 겉만 번지르르하고 진실함이 없음.
彬彬빈빈 바탕과 꾸밈이 서로 잘 어우러짐.

해설

'바탕'[質]은 소박한 자질이며, '꾸밈'[文]은 인위적으로 더해진 갖가지 경험과 생각이다. 공자의 사상에 있어서 '꾸밈'은 예禮의 외적인 어울림을 뜻하고, '바탕'은 내적인 덕성을 뜻한다. '인仁'이라는 내적 품성이 갖추어지고, 이것이 '예禮'와 조화를 이루어야만 군자가 될 수 있다. 꾸밈과 바탕의 관계는 '인'과 '예'가 조화를 이루는 것이다. '인'과 '예'는 내용과 형식의 관계를 갖는 것으로 서로 조화를 이루어야 하며 한쪽으로 치우쳐서는 아니 된다.

이 말은 공자가 추앙한 '군자'의 이상적 인격을 보여주는 동시에 중용中庸에 대한 일관된 사상을 보여준다. 하지만 꾸밈에 치우치지도 바탕에 치우치지도 않고 서로 조화를 이루기란 현실적으로 쉽지 않다. 공자는 "바탕이 꾸밈을 넘어서면 촌스럽고 천하다."고 했는데, 사람이 타고난 바탕에만 의지하면 거칠고 낙후될 수 있다는 말이다. 또 "꾸밈이 바탕을 넘어서면 진실하지 못하다."고 했는데, 꾸밈이 너무 지나치면 사람의 타고난 바탕을 가릴 수 있다는 말이다. 사람은 이 두 가지가 서로 균형을 이루고 발전해야만 군자가 될 수 있다.

예화

공자의 수레를 끄는 말이 농부의 밭을 망치다

천하를 주유하던 공자는 한번은 지금의 산동성 하택菏澤에 있던 조曹나라의 도성을 지나가게 되었다. 당시 조나라 사람들은 공자 일행을 차갑게 대했다. 이를 눈치 챈 공자는 수레를 급히 몰아 얼른 조나라의 도성을 빠져나갔다.

점심 무렵이 되어 피로에 지친 공자 일행은 길가 나무 그늘 아래에서 휴식을 취했다. 휴식을 취하는 중에도 공자와 제자들은 고담준론高談峻論을 나누느라 수레를 끄는 말이 남의 밭에 들어가 농작물을 뜯어먹는 것을 미처 보지 못했다. 일행이 휴식을 취하고 출발하려고 할 때가 되어서야 비로소 수레를 끄는 말이 사라졌다는 사실을 알게 되었다. 말은 넓은 밭 하나를 모조리 망쳐놓았고, 화가 난 농부가 말을 끌고 가고 있었다.

자로가 용기 있게 나서 농부를 가로막고 말을 돌려달라고 요구했다.

"여보시오, 왜 남의 말을 끌고 가시오? 돌려주시오!"

잔뜩 화가 난 농부는 자로의 말에 더욱 화가 치밀었다.

"눈이 멀었나? 당신네 말이 내 밭을 엉망으로 만들어놓았소. 우리 식구들은 뭘 먹고 살란 말이오? 당신이 먹여 줄 것이오?"

자로도 은근히 부아가 치솟았다.

"어서 돌려주시오. 그렇지 않으면 우리 모두가 당신 집으로 몰려가 눌러 앉을 테요."

자로는 눈을 흘기며 주먹을 휘둘렀고, 농부는 삽을 휘두르며 맞섰다. 한바탕 주먹다짐이 벌어진 것이었다.

그러자 언변과 교제술이 뛰어난 자공이 나섰다. 그는 자신의 언변이면 상대를 설득할 수 있으리라고 여겼다. 자공은 농부에게 먼저 인사를 건네고 점잖게 말을 꺼냈다.

"말이 농작물을 망친 것은 정말 미안하오. 다행히 많이 망치지는 않았으니 말을 돌려주시오."

농부는 다시 화가 치밀었다.

"저 흉악한 작자와는 달리 말은 그럴듯하게 하는군. 하지만 먹어치운 농작물이 얼마 되지 않는다고?"

자공이 거듭 사과하며 설득했지만 농부는 막무가내였다. 이런 광경을 지켜보던 공자가 자공에게 말했다.

"네 말재주는 분명 훌륭하지만 농부를 설득하기는 어려울 것이다."

공자는 수레를 모는 마부를 시켜 말을 되찾아오게 했다. 마부는 농부에게 다가가 말했다.

"형씨, 동쪽 바다에서 서쪽 바다까지 농사를 지으시는구려. 우리 일행의 말이 여기까지 수레를 끌고 오느라 눈이 뒤집히리만치 배가 고팠던 모양이오. 굶어 죽지 않으려고 길가에 있던 농작물을 뜯어먹었을 것이오. 형씨네 밭이 이토록 드넓으니, 어떻게 형씨네 농작물을 먹지 않을 수 있었겠소?"

농부는 기분이 좋아지는 눈치였다.

"거 옳은 말씀이오. 저 작자들의 말투와는 사뭇 다르구려."

농부는 마침내 잡고 있던 말고삐를 마부에게 건네주었다.

공자는 빙그레 웃으며 수레에 오르더니, 풀이 죽어 있는 자공에게 말했다.

"너는 말재주는 좋지만 그건 모두 왕공이나 귀족들을 상대하는 것이지, 저 소박한 농부에게는 아무 소용이 없는 것이다."

19.
안다거나 좋아하는 것은 즐기는 것만 못하다

공자가 말했다.

"아는 것은 좋아하는 것만 같지 못하고, 좋아하는 것은 즐겨하는 것만 같지 못하다."

子曰자왈: "知之者不如好之者지지자불여호지자, 好之者不如樂之者호지자불여락지자."

「옹야 雍也」

해설

공자는 공부를 함에 있어서 목표만을 추구하는 것은 공부를 통해 심리적 만족을 얻는 것만 못하며, 심리적 만족을 얻는 것은 공부에 대해 커다란 흥미를 느끼는 것만 못하다고 여겼다.

공자는 이 말에서 교육에 대한 중요한 원칙을 제시했다. 그것은 바로 마음을 다스려 공부에 대한 적극성과 잠재력을 이끌어낼 수 있다는 사실이다. 학문과 이치를 이해할 뿐 마음으로 즐기지 못한다면, 이는 배움이 깊은 경지에 이르거나 철저하지 못하다는 것을 의미한다. 공부를 하면서 그것을 '고달픈 배움'이라고 여긴다면, 책의 내용을 줄줄 외우고 배운 이치를 명확히 언급할 수는 있을지라도, "배우고 익히면 기쁘지 않겠는가?"라는 식의 즐거움을 얻을 수는 없다. 또 마음은 즐거울지라도 실천을 통해 즐거움을 얻지 못한다면, 그 즐거움은 깊지 못하다.

원문에서 '지之'는 공부를 일컫는 것만은 아니다. 이는 유가에서 추구하는 인의의 도리를 가리킨다. 공자는 표면적으로는 학습의 도를 언급했지만, 기실은 어떻게 인의의 길을 따를 것인가를 언급한 것이다. 내용을 이해하는 것은 그다지 어려운 것이 아니다. 그러나 인의의 정신을 좋아하는 마음을 기르는 것은 쉽지 않으며, 그것을 실천하는 것은 더욱 어려운 일이다. 때문에 공자는 "좋아하고 즐겨라"는 해결책을 제시한 것이다.

이 말은 마음에서부터 수양을 제고하고 품격을 완전하게 만들라는 의미다. 높은 경지에 이르게 되면, 인의의 도리를 실천하는 것은 벽돌을 쌓아 집을 짓는 것처럼 어렵지 않게 된다.

예화

관녕이 돗자리를 잘라 절교를 선언하다

중국의 삼국시대 때의 학자인 관녕管寧은 춘추시대의 유명한 정치가이자 제齊나라의 재상을 지낸 관중管仲의 후손으로, 굳은 지조로 세상에 널리 명성을 떨친 인물이다.

관녕은 훤칠한 키에 잘 생긴 용모를 지녔지만, 가정 형편이 어려웠다. 그는 16세 되던 해에 아버지를 여의었는데, 그의 어려운 형편을 동정한 친지들이 재물을 모아 아버지의 장례를 치를 수 있게 도왔다. 하지만 관녕은 그들의 도움을 일체 사양하고 혼자 힘으로 장례를 치러냈다. 열여섯 살 소년에게서는 당시로서도 보기 어려운 일이었다.

동한東漢 말기에는 정치 부패로 각지에서 전란이 잇달았다. 세상은 온통 뒤숭숭했지만 관녕은 그럼에도 유학길에 올랐다. 그는 학문에 매진하는 동안 훗날 유명한 학자가 된 두 벗을 사귀게 되었다. 한 사람은 관녕보다 한 살이 위인 화흠華歆이었고, 다른 한 사람은 병원邴原이었다. 세 사람은 서로 마음이 맞앉고, 또 무리들 가운데서 두각을 드러냈다. 사람들은 그들을 용에 견주어 화흠은 용머리, 병원은 용의 몸통, 관녕은 용꼬리라고 하였다. 당시 그들이 가장 존경한 인물은 명성을 떨치던 진중궁陳仲弓이라는 대학자로, 진중궁의 덕망과 학식은 그들이 가장 본받고 싶은 목표였다.

관녕은 성품이 담담하고 말수가 적었던 반면 화흠은 사교적이었고 공명이록을 추구하는 마음이 있었다. 관녕과 화흠은 함께 어울리면 고금古今의 이야기는 물론 인생의 포부를 서로에게 내보였다. 그럴 적이면 화흠은 항상 지난날 왕후장상들의 업적을 언급했고, 또 관녕의 가계家系를 무척 부러워했다. 하지만 관녕은 달랐다. 화제가 이런 데에 이르면, 관녕은 그때마다 책을 누드리고 뒤뜰의 채마밭을 가리켰다. 그것은 이 난세에는 세상을 다스릴 수 없으니 그저 책이나 읽고 농사나 지으며 살겠다는 의지의 표현이었다.

그런데 용머리 화흠과 용꼬리 관녕 사이에 유명한 절교 사건이 벌어졌다. 후세 사람들은 이를 "관녕이 돗자리를 잘라 절교를 선언하였."고 한다. 당시 그들은 공부를 하는 한편 농사일을 하였다. 이른바 지식과 실천의 합일이라는 의미로, 그저 책만 읽는 죽은 독서와는 다른 것이었다.

어느 날 관녕과 화흠은 뒤뜰의 채마밭에서 일을 하다가 우연히 금덩이를 발견하게 되었다. 금덩이는 관녕의 호미에 걸려들었다. 황금을 싫어할 사람이 어디에 있겠는가? 하지만 화흠과 관녕은 평소 독서를 통한 자기 수양으로 탐욕을 다스려야 했다. 결코 뜻밖의 횡재에 마음이 흔들릴 수는 없었다. 관녕은 금덩이를 발견하자 마치 돌덩이처럼 여기고 호미로 밀어냈다. 하지만 뒤쪽에서 호미질을 하던 화흠은 금덩이를 요모조모 샅샅이 뜯어보았다. 관녕은 호미를 바닥에 내려놓고 화흠을 뚫어지게 보았다. 화흠은 금덩이에 완전히 넋을 잃고 있었다. 관녕이 소리치자 화흠은 비로소 정신을 차리더니 금덩이를 내던졌다. 화흠의 행동에 관녕은 이맛살을 찌푸렸다. 화흠은 관녕보다 자기수양이 모자랐던 것이다.

관녕과 화흠은 항상 넓은 돗자리를 펴고 함께 앉아 공부했다. 그런데 집 앞으로는 간간히 화려한 관복에 멋진 수레를 탄 고관들이 지나갔다. 고관의 행차에는 무기를 든 호위병과 말을 탄 시종들이 뒤를 따랐다. 이런 때면 관녕은 귀를 틀어막고 독서에 몰입했지만, 화흠은 자리에 앉아 있질 못했다. 화흠은 안절부절못하다 결국 책을 내던지고 뛰쳐나갔다. 자리에 돌아온 다음에도 공부에 집중하지 못하고, 관녕에게 고관의 당당한 위용을 언급하면서 부러운 속내를 숨기지 않았다. 그러면 관녕은 화흠에게 학문을 하는 사람은 고관대작을 부러워할 필요가 없다고 일깨워주었다.

하루는 조정 중신의 행렬이 지나갔다. 화흠은 늘 그랬던 것처럼 또 달려 나갔다. 구경을 마치고 돌아온 화흠은 깜짝 놀랐다. 관녕이 칼로 돗자리를 반으로 자르고 한쪽에 앉아서 독서를 하고 있었다. 화흠은 영문을 알 수 없었다.

"여보게, 어쩌자고 돗자리를 잘랐는가? 이제껏 자리를 함께하지 않았는가?"

관녕은 천천히 책장을 덮더니 싸늘하게 말했다.

"자네는 더 이상 내 친구가 아니네. 벗이 아닌 사람과 어떻게 한 자리에 앉을 수 있겠나?"

관녕은 등을 돌리고 더 이상 화흠을 상대하지 않았다. 관녕이 돗자리를 자른 것은 절교라기보다는 일종의 훈계였다. 화흠이 초심으로 돌아가기를 바라는 의미였다.

하지만 이로부터 두 벗은 각자의 길을 가게 되었다. 관녕은 독서에 매달려 학식과 덕망이 높은 학자가 되었고, 화흠은 명리를 다투는 세상으로 들어가 손권孫權을 섬기다가 나중에는 조조曹操를 섬기게 되었다. 화흠은 갖은 수단을 동원해 조조 부자가 정적을 제거하도록 도왔다. 5백 명의 무장병을 거느리고 궁중에 난입해 복황후伏皇后를 체포하였고, 조비曹丕가 헌제獻帝를 폐위하고 황제의 자리에 오를 적에 헌제를 위협해 도성에서 쫓아내기도 하였다. 화흠은 마침내 사구司寇의 자리에 올라 청운의 뜻을 이루었지만, 사람들은 그를 상종하지 못할 인간으로 평가했다.

한편, 관녕은 요동遼東에 피신해 지냈는데, 그곳 사람들은 관녕의 덕망에 감화되어 훌륭한 풍속을 만들어 냈다. 사람들은 서로 화목하게 지내고 자신의 생업에 즐겁게 종사했다. 관녕이 고향으로 돌아오자 위魏나라 문제文帝가 된 조비는 그에게 태중태부의 직책을 주었다. 관녕은 자신은 늙고 재주가 모자란다며 고사했지만, 문제는 그를 놓아주지 않았다. 문제를 이어 즉위한 명제明帝도 관녕을 불러들였다. 화흠, 왕랑王朗, 진군陳群 등 조정 대신들이 관녕을 추천한 것이었다. 화흠은 심지어 자신의 태위 벼슬을 관녕에게 양보했다. 하지만 관녕은 죽을 때까지 벼슬을 않겠다며 끝내 사양했다.

화흠은 관녕의 학식을 높이 평가해 한사코 관녕을 요직에 앉히려고 하였다. 하지만 관녕은 그런 사실을 알고는 담담히 웃으며 말했다.

"화흠은 본래부터 벼슬자리를 원했다. 이것이 내가 그와 함께 앉아 공부하던 돗자리를 잘라버린 이유였다."

세상 사람들은 누구나 관녕의 지조에 감탄하고, 화흠의 행위를 비천하게 여겼다. 그리고 두 사람이 각자의 길로 갈라선 것은 금덩이를 발견했을 때부터 이미 싹텄다고 생각했다.

관녕은 요동에서 지낼 적에 하얀 모자를 쓰고 누각에 앉아 지내며 땅을 밟지 않았다. 또 죽을 때까지 위나라의 벼슬을 하지 않았다. 어떤 시인은 관녕을 칭송해 이렇게 노래했다.

> 요동 땅에 관녕루가 있었다고 전하는데
> 사람도 누대도 사라지고 명성만 남았다
> 우습도다! 부귀를 탐한 화흠이여!
> 어찌 하얀 모자에 유유자적함만 같겠는가?

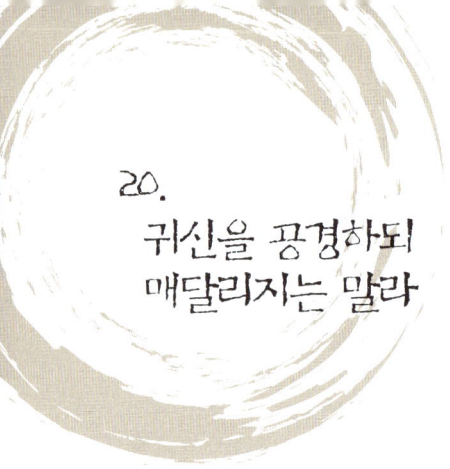

20.
귀신을 공경하되 매달리지는 말라

번지樊遲가 지혜로움에 대해 물었다. 공자는 이렇게 대답했다.
"백성이 의로움에 힘쓰고, 귀신을 공경하되 귀신에게 매달리지 않는다면 지혜롭다고 할 것이다."
어짊에 대해 물었더니 이렇게 대답했다.
"어진 사람은 어려운 일을 먼저 처리한 다음에 얻어낸다. 그러면 어질다고 할 수 있다."

樊遲問知번지문지. 子曰자왈: "務民之義무민지의, 敬鬼神而遠之경귀신이원지, 可謂知矣가위지의." 問仁문인. 曰왈: "仁者先難而後獲인자선난이후획, 可謂仁矣가위인의."　　「옹야雍也」

해설

공자는 귀신이 존재한다는 전제에서 "귀신을 공경하되 귀신에게 매달리지는 말라."고 했다. 이는 공자가 일상생활에 있어서 "사람을 섬길 줄도 모르면서 어떻게 귀신을 섬기겠는가?"라고 강조한 말과 표리를 이룬다.

공자는 번지의 질문에 대해 의외의 대답을 내놓았다. 공자는 성인이며, 지혜로운 인물이다. 귀신이라는 존재가 사람들에게 크게 영향을 주던 시대에 공자도 이로부터 자유로울 수는 없었다. 그 또한 귀신은 존재한다고 믿었던 것이다. 하지만 그는 귀신을 공경하되 거리를 두는 태도를 취했다. 즉 귀신과 사람은 별개라고 여긴 것이다. 귀신은 천도天道의 문제로, 인간과는 거리가 있는 것이다. 사람이 살아가는 것은 인도人道의 문제다. 정치, 경제, 교육, 사회 등은 모두 사람의 일이다. 공자는 "하늘의 도는 멀고, 사람의 도는 가깝다."고 했다. 인간 세상의 일은 귀신을 중심으로 해서는 안 되기 때문에 공자는 귀신을 공경하되 거리를 두는 태도를 취하라고 한 것이다. 공경하되 멀리한다는 것은 믿지 않는다는 것은 아니다.

공자의 이런 태도는 중국의 전통 문화에도 깊은 영향을 주었다. 귀신에 대한 공자의 태도는 중국 문화에 있어서 엄격한 의미에서의 종교가 발전하지 못하게 만들었고, 나아가 무신론의 성립에 큰 영향을 미쳤다. 지금 보기에도 매우 지혜로운 태도다.

예화

서문표가 마을 사람들의 미신을 뿌리뽑다

위魏나라 문후文侯 때에 서문표西門豹라는 인물이 있었다. 그는 업현鄴縣의 수령으로 부임하자, 고을의 원로들을 만나 고장 사람들이 가장 고통스럽게 여기는 일이 무엇인지 물었다. 고을 원로들은 이렇게 대답했다.

"하신河神에게 며느리를 바치는 일입니다. 이 일은 사람들을 가난으로 몰아넣습니다."

서문표가 까닭을 묻자 원로들은 이렇게 대답했다.

"업현의 삼로三老와 세리稅吏들은 해마다 백성들에게서 수백만 전의 세금을 거둡니다. 그 가운데 2, 30만 전은 하신의 며느릿감을 구하는 데 쓰고, 나머지는 무당과 나누어 갖습니다. 무당은 여기저기 다니며 적당한 여인을 찾는데, 가난한 집 딸로 용모가 빼어난 여인을 보게 되면, 하신의 며느릿감이라며 강제로 데리고 갑니다. 무당은 여인을 목욕시켜 강가로 데리고 가서 제사를 지내고 붉은 휘장을 두른 집에 머물게 합니다. 그리고 술과 제물을 준비해 열흘 이상 치성을 드린 다음 신부의 꽃가 마처럼 단장한 뗏목에 여인을 태웁니다. 뗏목은 강 한복판에 이르면 잠시 수면에 떠 있다가는 이내 물속으로 가라앉습니다. 이 때문에 딸을 둔 부모들은 행여 무당의 눈에 띨까 두려워 자꾸만 달아납니다. 마을에는 사람들이 갈수록 줄어들고, 또 남아 있는 사람들은 갈수록 가난해집니다. 이런 상황은 벌써 오래되었습니다. 하지만 하신에게 며느리를 바치지 않으면, 홍수가 범람해 집과 농토를 삼키고 사람들을 물귀신으로 만듭니다."

"하신이 며느리를 맞이할 때 나를 불러주십시오. 나도 새 신부를 전송해야겠습니다."

"알겠습니다. 그리 하지요."

마침내 하신이 며느리를 맞이하는 날이 돌아왔다. 서문표는 사람들과 함께 깅으로 갔다. 그곳에는 이미 구경을 하러 2,3천 명이나 되는 사람들이 모여 있었다. 무당은 나이가 일흔도 넘은 노파였는데, 비단 홑옷을 걸친 열 명도 넘는 시녀들이 그녀를 따랐다. 서문표가 무당에게 말했다.

"강물의 신에게 바칠 며느리를 불러오시오. 얼굴을 한번 보아야겠소."

무당은 장막 뒤에 있던 여인을 부축해 데려왔다. 서문표는 여인을 보더니 무당에게 말했다.

"내가 보기에 며느릿감이 아름답지 못하오. 수고스럽지만 강물로 들어가 하신에게 전하시오. 아름다운 여인으로 바꿔 이틀 후에 보내드리겠다고."

서문표는 병사들을 시켜 무당을 강제로 강물로 밀어 넣었다.

한참이 지나자 서문표가 사람들에게 물었다.

"무당께서는 왜 아직도 돌아오지 않는 것인가? 도제徒弟가 가서 불러오시게."

이번에는 무당의 도제가 강물로 밀어 넣어졌다. 이처럼 서문표는 잇달아 세 명의 도제를 강물로 밀어 넣었다. 그런 뒤에 서문표가 말했다.

"무당과 도제들이 돌아오지 않으니 이번에는 삼로들께서 들어가 보셔야겠습니다."

서문표는 삼로들을 모두 강물로 밀어 넣었다. 그는 공손한 자세로 강물을 마주하고 한참을 기다렸다. 관리들과 구경꾼은 모두 두려운 기색이 역력했다. 서문표는 고개를 돌리더니 사람들에게 이렇게 말했다.

"무당과 도제, 게다가 삼로들까지 돌아오지 않으니 이를 어쩐다?"

서문표는 이제 고을 아전과 토호土豪들에게 무당과 삼로를 불러오라고 명령할 참이었다. 그러자 아전과 토호들이 눈치를 채고 바닥에 무릎을 꿇었다. 그들은 모두 낯빛이 잿빛으로 변해 있었다. 서문표가 말했다.

"조금만 더 기다려 봅시다."

잠시 후 서문표가 다시 입을 열었다.

"하신께서 손님들을 너무 오래 붙잡고 있구나. 그대들은 모두 일어나 자기 자리로 돌아가라."

아전과 토호들은 놀란 가슴을 쓸어내렸다. 이후로 업현에서는 하신에게 며느리를 바쳐야 홍수의 재앙을 막을 수 있다는 말은 더 이상 나오지 않았다.

21.
지혜로운 사람의 즐거움은 물과 같다

공자가 말했다.

"슬기로운 사람의 즐거움은 물과 같고, 어진 사람의 즐거움은 산과 같다. 슬기로운 사람은 활달하고, 어진 사람은 차분하다. 슬기로운 사람은 유쾌하고, 어진 사람은 장수한다."

子曰자왈: "知者樂지자락, 水수, 仁者樂인자락, 山산. 知者動지자동, 仁者靜인자정. 知者樂지자락, 仁者壽인자수."

「옹야 雍也」

해설

매우 널리 알려진 이 말은 대개 "지자요수, 인자요산.知者樂水; 仁者樂山.", 즉 "슬기로운 사람은 물을 좋아하고, 어진 사람은 산을 좋아한다."고 풀이한다. 하지만 혹자는 "지자락, 수; 인자락, 산知者樂, 水; 仁者樂, 山."으로 풀이하기도 하는데, 즉 "슬기로운 사람의 즐거움은 물과 같고, 어진 사람의 즐거움은 산과 같다."는 의미가 된다. 슬기로운 사람의 즐거움은 물과 같아서 활발하고, 어진 사람의 즐거움은 산과 같아서 고요하고 숭고하다. 그러므로 슬기로운 사람의 즐거움은 활발하기가 물과 같고, 어진 사람의 즐거움은 고요하기가 산과도 같다.

공자는 어진 사람과 슬기로운 사람을 비교해, 어진 마음을 가진 사람은 평온하고 또 내면적 수양을 쌓아서 쉽게 감정에 자극을 받아 화를 내지는 않기 때문에 장수하고, 슬기로운 사람은 민첩하고 활발하고 즐겁다고 했다. 이 두 가지 자질은 서로 모순되는 것은 아니다. 공자는 두 가지를 모두 칭송했다.

예화

공자가 사수에서 물의 이치를 설파하다

노나라 정공定公 5년인 기원전 505년, 공자는 어느덧 47세의 중년이 되었다. 어느덧 봄이 찾아왔다. 사람들은 사수泗水가를 산책하면서 봄을 만끽했다. 강물은 넘실대며 힘차게 흘렀다. 물결은 밤하늘처럼 그윽했고, 눈동자처럼 반짝였으며, 망아지처럼 활기찼다.

공자도 사수에 봄기운이 완연하다는 소식에 제자들과 함께 소풍을 나갔다. 강가에 도착한 공자는 넘실대는 물결을 굽어보며 한참이나 미동도 없이 서 있었다. 하지만 가끔씩 찌푸렸다 폈다 하는 미간에서 봄물처럼 넘실대는 그의 마음이 드러났다. 그를 둘러싼 제자들은 도대체 선생님이 무엇을 보고 있으며 또 무엇을 생각하고 있는지 전혀 알 길이 없었다. 성격이 직선적인 자공子貢이 공자에게 여쭈었다.

"선생님, 뭘 보고 계십니까?"

공자는 낮은 목소리로 대답했다.

"물을 보느니라."

"물이라니요?"

제자들은 무슨 말인지 전혀 눈치 채지 못하고 공자를 물끄러미 바라보았다. 이번에는 안회顔回가 나섰다.

"선생님께서는 강물을 마주치면 반드시 살피는데, 무슨 까닭이 있으시겠지요? 명확한 가르침을 바랍니다."

공자는 사수의 푸른 물결을 굽어보면서 마음속의 깊은 말을 꺼내놓았다.

"쉬지 않고 흐르는 물은 모든 생명을 길러내는 젖과 같다. 물은 세상을 뒤덮는 높은 덕망과도 같다. 물은 정해진 모양이 없고, 반드시 낮은 곳으로 흐른다. 그것은 산처럼 무거운 의로움이다. 온갖 물줄기가 모여드니 물은 바다처럼 드넓은 도를 지녔다. 산골짜기를 굽이쳐 흐르고 석벽을 뚫으면서도 두려워하는 기색이 없다. 물은 앞으로 나아가는 용기를 지녔다. 또 모든 것을 높고 낮음이 없이 고르게 덮어준다. 이는 공평무사한 법률과도 같다. 물은 온갖 구멍이란 구멍에는 죄다 들어간다. 이는 냉철하게 살피려는 것처럼 보인다. 만물은 물에 들어가면 깨끗하게 씻긴다. 이는 훌륭한 교화를 행하는 것과 같다. 그러니 물은 진정한 군자와도 같은 존재다. 물은 이처럼 사람에게 입신처세의 이치를 깨닫게 해 주거늘 어찌 살피지 않을 수 있겠느냐!"

제자들은 공자의 말에 깜짝 놀랐다. 흔히 보는 강물도 공자의 머릿속에서는 이토록 신비하고 오묘한 이치를 지닌 것으로 보인다는 사실을 누가 상상이나 했겠는가!

푸른 강가에서 제자들은 공자를 에워싸고 앉았다. 공자는 거문고를 타고 제자들은 노래를 불렀다. 노랫소리는 따스한 봄바람을 타고 하늘 멀리 퍼져나갔고, 사수의 푸른 물결을 따라 멀리 바다까지 실려 갔다.

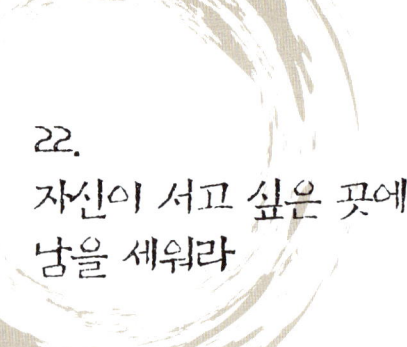

22.
자신이 서고 싶은 곳에 남을 세워라

자공子貢이 말했다.

"만약 누군가가 백성에게 널리 베풀고 구제한다면 어떻습니까? 어질다고 말할 수 있겠습니까?"

공자는 이렇게 대답했다.

"어찌 어질다 뿐이겠는가! 성스럽다고 할 것이다. 요堯임금과 순舜임금 같은 분들도 어렵게 여긴 일이다. 어질다는 것은 자신이 서고 싶은 곳에 남을 세우고, 자신이 도달하고 싶은 곳에 남을 도달하게 하는 것이다. 모든 일에 있어서 자신을 본보기로 삼아서 남을 도달하게 만드는 것은 어짊을 실천하는 방법이라고 하겠다."

子貢曰자공왈: "如有博施於民而能濟衆여유박시어민이능제중, 何如하여? 可謂仁乎가위인호?" 子曰자왈: "何事於仁하사어인! 必也聖乎필야성호! 堯舜其猶病諸요순기유병저! 夫仁者부인자, 己欲立而立人기욕립이립인, 己欲達而達人기욕달이달인. 能近取譬능근취비, 可謂仁之方也已가위인지방야이."

「옹야雍也」

해설

'성인聖人'이란 인격의 최고 경지를 이루는, 완벽한 인격의 화신으로, 공자가 이상으로 삼은 존재다. 요임금과 순임금처럼 공자가 마음으로 그린 성인들도 "백성에게 널리 베풀고 구제하는" 일에 대해 스스로 부족하다고 여겼다. 그러므로 성인의 경지에 이른다는 것은 내단히 어려운 것임을 알 수 있다. 하지만 공자는 포기하지 않고, 오히려 한 걸음 나아가 인仁을 실천하는 방법을 내놓았다. 그것은 "자신이 서고 싶은 곳에 남을 세우고, 자신이 도달하고 싶은 곳에 남을 도달하게 하는 것"이다.

공자는 '인'을 실천하는 첩경으로 '서恕'를 주장했다. 여기에는 두 가지 층위가 있다. 첫째, 자신이 하려는 것을 남에게 하게 함으로써, 남을 온전하게 만드는 것이다. 이는 '서'의 높은 단계로, '인'을 적극적으로 실천하는 것이다. 둘째, 자신이 싫어하는 것을 남에게 행하지 않는 것이다. 이는 '서'의 낮은 단계로, '인'을 소극적으로 실천하는 것이다.

'자신을 이루는 것'에서 '남을 이루어 주는 것'으로 나아가는 것은 남을 인정하고 남의 생존과 발전에도 관심을 갖는 것이다. 그래야만 세상 사람들의 이익을 생각할 수 있게 된다. '인'의 길은 여기에서 비롯된다.

예화

오생이 지난 일을 용서하고 어머니와 재회하다

춘추春秋시대에 정鄭나라 무공武公에게는 오생寤生과 공숙단公叔段이라는 두 아들이 있었다. 큰 아들은 태어날 적에 다리가 먼저 나오는 역산逆産으로 태어났기 때문에 '오생'으로 불렸다. '오생'은 당시 말로 '역산'을 의미한다. 오생의 어머니 강씨姜氏는 오생이 비정상적으로 태어났을 뿐 아니라 오생을 낳으면서 너무 큰 산고를 겪었기 때문에 오생을 별로 좋아하지 않았다. 강씨는 대신 작은 아들 공숙단을 편애했다. 당시에는 맏아들이 임금의 자리를 세습하는 원칙이 있었다. 따라서 오생은 자연히 태자의 자리에 올랐다. 하지만 오생을 미워한 강씨는 무공에게 오생을 폐위하라고 청했다. 무공은 강씨의 터무니없는 요구를 일언지하에 거절했다. 훗날 무공이 세상을 떠나자 오생은 임금의 자리에 올랐다. 역사에서는 그를 장공莊公이라고 부른다.

마침내 강씨는 공숙단과 함께 장공을 독살하고 임금의 자리를 빼앗을 음모를 꾸몄다. 공숙단은 자신의 영지에서 군사를 훈련시키고 군량을 준비하는 등 착실히 정변을 준비했다. 장공은 일찌감치 강씨와 공숙단의 음모를 눈치 챘지만 조금도 내색하지 않았다. 하지만 공숙단에 대한 경계를 늦추지 않으면서 은밀히 만반의 대응책을 마련했다. 결국 공숙단은 음모가 발각되어 거사도 하지 못하고 이웃 나라로 달아나고 말았다.

　한편, 장공은 강씨가 공숙단에게 보낸 비밀 편지를 입수했다. 분개한 장공은 강씨를 도성에서 쫓아내면서 이렇게 맹세했다.

　"황천에 가기 전에는 어머니를 다시 보지 않겠다!"

　하지만 장공은 이내 자신이 한 말을 후회했다. 그러나 이미 엎질러진 물이다. 한 나라의 군주가 되어 사신이 꽁꽁연히 내뱉은 말을 아무 이유 없이 거둘 수는 없었다. 장공은 어머니를 떠나보내면서 몹시 마음이 아팠다.

　당시 장공의 수하 가운데 변방의 수비를 맡고 있던 영고숙潁考叔이라는 인물이 있었다. 영고숙은 성품이 곧았고 노인을 공경해 칭송이 자자했다. 하루는 영고숙이 사냥을 나갔다가 두견새 몇 마리를 잡았다. 그가 흐뭇한 미소를 짓고 있는데, 갑자기 경비병이 달려오더니 아뢰었다.

　"장공의 어머니가 우리 구역에 들어왔습니다."

영고숙은 깜짝 놀랐다.

"장공의 어머니는 도성 형양榮陽에 계시질 않은가? 무슨 일로 아무 연고도 없는 우리 구역엘 오셨단 말인가?"

경계병은 전후 내막을 영고숙에게 상세히 보고했다. 그러자 영고숙은 말없이 집으로 돌아가더니 자기 어머니에게 장공을 찾아뵙고 오늘 잡은 진귀한 새를 바치고 오겠다며 작별인사를 고했다.

장공을 찾아간 영고숙이 두견새를 바치자 장공은 어이없다는 듯 웃었다.

"이 새가 어찌 진귀하단 말이오?"

영고숙이 얼른 대답했다.

"이 새는 '두견새'라고 합니다. 사람들은 이 새를 몹시 싫어합니다. 그것은 이 새가 불효막심하기 때문입니다. 어려서는 어미가 모이를 물어다 키우지만, 성장하면 보답하기는커녕 어미의 살을 쪼아 먹습니다. 그래서 사람들은 이 새를 삶아 죽여서 어미 새의 원한을 대신 풀어줍니다."

장공은 영고숙의 말에 뼈가 있음을 알아차렸다.

"그대가 먼 길을 달려와 내게 선물을 주었으니, 나도 그대에게 음식을 선사하겠소."

장공은 영고숙에게 양 고깃국을 내렸다. 영고숙은 감사를 드리고 국을 먹었다. 하지만 국물만 몇 수저 떠먹더니 국을 집으로 가지고 돌아가게 해달라고 청했다.

"제겐 노모가 계십니다. 노모께서는 제가 올린 많은 음식을 맛보셨지만, 아직까지 임금께서 내리신 고깃국은 맛보지 못하셨습니다."

장공은 영고숙의 말에 어머니를 내쫓은 일이 불현듯 떠올라 콧날이 시큰했다. 그는 자신도 모르게 긴 한숨을 내쉬었다. 영고숙은 의아하다는 듯 장공에게 물었다.

"무슨 근심이라도 있으십니까? 제가 혹시 도움이 될는지도 모르겠습니다."

"그대는 어머니가 계셔서 효도를 할 수 있지만, 내겐 어머니가 계시질 않소."

"그게 무슨 말씀이십니까?"

영고숙은 짐짓 시치미를 떼고 되물었다. 장공은 영고숙에게 자초지종을 일러주었고, 아울러 자신의 후회스러운 심경도 덧붙였다. 장공의 설명을 들은 영고숙은 빙그레 미소를 지었다.

"그건 어려운 일이 아닙니다. 제게 좋은 생각이 있습니다. 머잖아 어머니를 다시 뵐 수 있게 해드리겠습니다."

영고숙의 말에 장공은 기뻤다.

"어떤 방법이오? 어서 내게 말해 주시오."

"황천에 가기 전에는 어머니를 다시 뵙지 않겠다고 맹세하셨지요? 생각해 보십시오. '황천'이란 땅속의 흙탕물을 가리키는 말입니다. 그러니 땅을 파서 흙탕물이 나오게 하고, 거기에서 어머니와 다시 만나면 되지 않겠습니까?"

장공은 기뻐하며 영고숙에게 큰 상을 내렸다. 장공은 사람을 시켜 서둘러 구덩이를 파고, 거기에서 어머니 강씨와 재회했다. 장공은 어머니의 모습을 보자 "구덩이 안에서 천륜이 화기애애하게 만나니 기쁘기 한량없구나!"라고 노래했고, 강씨도 이에 "구덩이 밖에서도 천륜이 화목하리라!"라고 화답했다. 어머니와 아들은 지난 미움을 훌훌 털어내고 다시 예전처럼 돌아갔다.

좌구명左丘明은 『춘추좌씨전春秋左氏傳』에서 영고숙의 행동을 이렇게 칭송했다.

"영고숙은 진정한 효자다. 자신의 어머니를 극진히 모셨을 뿐 아니라 자신의 효성을 장공에게까지 확산시켰다. 『시경詩經』에는 '효자의 덕행은 끝이 없나니, 영원히 당신에게 효성을 다하리.'라는 구절이 있는데, 영고숙처럼 순수하고 효성스러운 사람을 가리키는 것이리라."

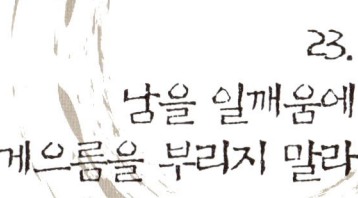

23.
남을 일깨움에 게으름을 부리지 말라

공자가 말했다.
"배운 지식을 묵묵히 기억해 두고, 배우면서 싫증을 내지 않고, 남을 일깨움에 게으름을 부리지 않는 이 세 가지 일을 나는 어떤 것을 실천하고 있는가?"

子曰자왈: "默而識之묵이지지, 學而不厭학이불염, 誨人不倦회인불권, 何有於我哉하유어아재?"

「술이 述而」

해설

공자가 거론한 세 가지 가운데 "배운 지식을 묵묵히 기억한다."는 말은 '기억'에 중점을 둔다는 것이다. 이는 공자가 『논어』의 「술이」편에서 "많이 들어서 훌륭한 것을 골라 따르고, 또 많이 보아서 기억한다."고 한 언급과 일맥상통하는 것이다. 또 "배우면서 싫증을 내지 않는다."는 말은 배움에 대한 공자의 부지런한 면모를 보여주는 것이며, "남을 일깨움에 게으름을 부리지 않는다."는 말은 제자 교육에 대한 공자의 열정을 드러내는 것이다.

"배운 지식을 묵묵히 기억해 두고, 배우면서 싫증을 내지 않고, 남을 일깨움에 게으름을 부리지 않는 이 세 가지 일을 나는 어떤 것을 실천하고 있는가?"라는 공자의 언급은 인식론적 관점과 방법론적 관점에서 배움과 가르침을 적절히 표현했다고 하겠다.

예화

공자가 자공에게 배움을 일깨워주다

자공子貢은 공자의 제자 가운데서도 두뇌 회전이 빠르고 이해력이 출중한 제자였다. 또한 그는 공자와의 정서적 교감이 깊은 제자이기도 하였다. 하지만 그는 처음 공자의 문하에 발을 들여놓았을 당시에는 자신의 재주를 뽐냈을 뿐 아니라 심지어 스승인 공자를 무시하기도 하였다.

자공은 하루 종일 들어앉아 학문에만 매달리는 것은 너무 따분한 짓이라는 생각이 들었다. 게다가 학문에 별다른 진전도 보이지 못하자 마침내 공부에 대한 권태감과 회의감마저 들었다.

어느 날 자공은 공자를 찾아뵙고 공부를 잠시 쉬고 싶다는 생각을 말씀드릴 셈이었다. 자공이 공자의 방에 들어서자 공자는 죽간竹簡 더미에 파묻혀 있었다. 자공은 잠시 망설였다. 하지만 그는 이내 마음을 다잡았다.

"선생님, 드릴 말씀이 있습니다."

"그래? 그리 앉아라."

자공의 얼굴에는 결연한 의지가 드러났다. 자공은 선 채로 말했다.

"선생님, 공부가 싫어졌습니다. 이제 공부는 그만두고 임금을 보필하고 싶습니다."

평소 공자는 모르면서도 아는 체하고, 좀 아는 것을 대단한 것처럼 여기는 사람들을 가장 싫어했다. 때문에 공자는 자공의 말에 언짢은 생각이 들었다. 공자는 평소 자공은 자질이 훌륭해 잘 다듬으면 훌륭한 그릇이 될 것으로 믿었던지라 온화하게 자공을 일깨웠다.

"『시경』에 '온화한 태도에 진지한 일처리'라고 했다. 임금을 보필하는 것이 쉬운 일이겠느냐? 임금을 보필하는 데 배움이 없어서 되겠느냐?"

"그럼 저는 공부를 그만두고 부모님을 봉양하렵니다."

"『시경』에 '효자의 마음 다하지 않으니, 신령께서 앞길을 보살피신다'고 했다. 부모님을 봉양하는 것은 어려운 일이다. 부모님을 모시는 데 배우지 않아서 되겠느냐?"

자공은 공자의 말이 사리에 어긋나지 않는다는 것은 알았지만 받아들이고 싶지는 않았다. 그는 마치 스승과 말다툼이라도 할 기세였다.

"그래요? 그럼 공부는 집어치우고 처자식이나 돌봐야지요!"

"『시경』에 '문왕文王은 예로써 아내를 대하고, 형제를 대하고, 사리에 맞게 나라를 다스렸다'고 했다. 아내를 돌보는 것도 쉽지 않은 일이다. 배우지 않고서야 되겠느냐?"

"그럼 공부는 집어치우고 벗들과 어울리죠!"

자공은 공자를 쏘아보며 대답을 기다렸다. 공자는 또 『시경』의 구절을 인용해 자공을 일깨웠다.

"『시경』에 '벗은 서로를 도와야만, 믿음을 세울 수 있다'고 했다. 벗과 어울리는 데 배움을 그만두어서야 되겠느냐?"

공자는 빙그레 미소를 지으며 자공이 깨달은 것이 있는지 슬

그머니 기색을 살폈다. 자공은 자신도 알 수 없는 이상한 심리에 빠진 것만 같았다. 오늘 선생님과 결판을 내고야 말겠다는 그런 태도였다.

"이도 저도 어렵다면 농사나 지으면 되지요."

자공은 의기양양한 것처럼 보였다. 농사일이야 누구나 하는 일인데, 스승께서도 더 하실 말씀이 있겠느냐는 태도였다.

공자는 낮은 목소리로 말했다.

"『시경』에 '대낮엔 들판의 풀을 뽑고, 저녁엔 새끼를 꼬아, 서둘러 새는 곳을 보수하고, 봄이 오면 백곡을 파종한다'고 했다. 농사일도 큰 학문인 것이다. 어찌 배우지 않고 할 수 있겠느냐? 배우지 않는다면 아무 일도 할 수 없다."

자공은 더 이상 물러설 곳이 없었다.

"그럼 언제나 배움을 그만둘 수 있는 겁니까?"

순간 공자의 얼굴이 엄숙해졌다. 공자는 고개를 들더니 집 밖 멀리 있는 무덤을 손으로 가리켰다.

"보거라! 저 무덤들을 보아라. 산봉우리처럼 우뚝하고, 커다란 솥단지를 엎어놓은 것 같기도 하구나. 저 무덤들을 보면 네가 언제 배움을 그만둘 수 있는지 알 것이다."

공자의 손가락이 가리키는 들판에는 무덤들이 줄지어 있었다. 공자의 말에 자공은 비로소 환한 깨달음을 얻었다. 자공은 공자에게 존경심을 금할 수 없었다. 자공은 공자에게 공손히 머리를 숙였다.

"선생님의 말씀에는 깊은 이치가 담겨 있습니다. 배움이란 죽을 때까지 해야만 하는 것입니다. 군자는 여기에서 편안해하고, 소인배는 여기에서 멈춥니다."

마침내 자공은 공자를 모시고 열심히 공부에 매달렸다. 시간이 지날수록 공자에 대한 존경심도 깊어졌다. 3년의 세월이 지나자 자공은 공자의 학문과 인격이 성인聖人과도 같다는 사실을 비로소 깨닫게 되었다. 공자는 자공을 잘 이끌어 마침내 그가 공자 문하의 훌륭한 제자 가운데 한 사람으로 성장하게 만들었다. 두 사람의 믿음도 더욱 두터워졌다.

공자가 세상을 떠나자 제자들은 스승의 무덤을 지키며 삼년상을 치렀다. 그러나 자공은 공자에 대한 존경심과 공자가 병환을 앓던 동안 곁에서 수발하지 못한 송구함 때문에 3년을 더하여 모두 6년 동안이나 공자의 무덤을 지켰다.

24. 재물을 모으고 높은 자리에 오르는 것은 내게는 뜬구름과도 같은 것이다

공자가 말했다.

"맨밥을 먹고 맹물을 마시고 팔을 베고 잘지라도 거기에도 즐거움은 있는 것이다. 옳지 못한 방법으로 재물을 모으고 높은 자리에 오르는 것은 내게는 뜬구름과도 같은 것이다."

子曰자왈: "飯疏食飮水반소사음수, 曲肱而枕之곡굉이침지, 樂亦在其中矣락역재기중의. 不義而富且貴불의이부차귀, 於我如浮雲어아여부운."

「술이 述而」

해설

 부귀함을 얻는 구체적 원칙을 언급한 말이다. 부귀함을 얻는 것은 '정의'와 '사람됨의 도리'에 부합되어야 한다. '정의'와 '도리'를 어기고 얻어진 것이라면, 그것은 눈앞을 스쳐가는 뜬구름처럼 헛된 것이다.

 아울러 공자는 청빈한 삶을 받아들여 안빈낙도하는 삶의 태도가 필요하다고 역설했다. 공자는 수차례 이런 생각을 밝힌 바 있다. 예컨대 같은 「술이」편에서 "재물을 모으는 것이 구한다고 얻어질 수 있는 것이라면, 나는 말채찍을 잡는 것과 같은 천한 일이라도 마다하지 않겠지만, 그것이 구한다고 얻어질 수 있는 것이 아니라면, 나는 내가 하고 싶은 일을 할 것이다."라고 했고, 또 「이인里仁」편에서는 "재물을 모으고 높은 자리에 오르는 것은 누구나 바라는 것이지만, 그것이 사리에 맞게 얻어진 것이 아니라면 함부로 누려서는 아니 된다."고 했다.

 전통적으로 사람들은 어려운 처지에서는 청빈함 속에 즐거움이 있음을 깨달아야 하고, 정당하지 못한 방법으로 권력과 재물을 얻는 것은 뜬구름처럼 여겨야 한다는 생각을 가지고 있었다. 공자의 이런 견해는 "부귀함으로도 마음을 흔들 수 없고, 빈천함으로도 절개를 바꿀 수 없으며, 위세와 무력으로도 의지를 꺾을 수 없다."는 맹자의 굳은 의지와 더불어 훗날 지식인들이 이상적 경지를 찾도록 격려하고 또 부귀와 영화를 멸시하는 마음을 가지게 함에 있어서 하나의 선언이 되었다. 그들이 부귀와 영화를 멸시한 것은 본능적으로 편안한 생활을 싫어했기 때문이 아니라 자신의 이상과 인격을 편안한 생활과 바꾸려 하지 않았기 때문이다.

예화

소무가 북해에서 양을 돌보면서도 절개를 잃지 않다

한漢나라 무제武帝 때의 일이다. 기원전 100년, 무제가 흉노匈奴를 정벌하려 하자 다급해진 흉노는 사신을 보내 화친을 요청했다. 무제는 이 요청에 대한 답례로 소무蘇武를 대표로 한 사절단을 흉노에 보냈다. 사절단에는 장승張勝과 상혜常慧 등이 수행했다.

흉노에 도착한 소무는 흉노의 임금인 선우單于에게 예물을 올리고, 선우의 회신을 기다렸다. 그런데 그만 뜻밖의 일이 벌어지고 말았다. 소무가 흉노에 사절로 오기 이전에 위율衛律이라는 자가 한나라의 사신으로 흉노에 갔다가 흉노에 귀순한 일이 있었는데, 흉노의 선우는 위율을 중용하고 왕王의 작위를 내렸다. 그런데 위율에게 불만을 품은 우상虞常이라는 부하가 있었다. 그는 소무의 수행원인 장승과 친구 사이였다. 우상은 장승과 몰래 내통해 위율을 처단하고 선우의 어머니를 협박해 한나라로 달아날 계략을 꾸몄다. 하지만 우상의 계략은 미수에 그쳤고, 우상은 체포되었다. 분노한 선우는 위율을 시켜 우상을 심문하는 한편 공모자들을 색출하게 하였다. 소무는 이런 사실을 전혀 모르고 있었다. 일이 벌어진 뒤에야 위험을 느낀 장승이 소무에게 자초지종을 털어놓았다. 소무는 이렇게 말했다.

"사태가 이런 지경에 이르렀으니 분명 내게도 불똥이 튈 것이다. 남의 나라에 사신으로 왔다가 심문을 받고 죽음을 당한다면 이는 조정의 체통을 크게 깎아내리는 일이다."

소무가 칼을 꺼내 자결하려고 하자 장승과 상혜가 달려들어 간신히 소무가 들고 있던 칼을 빼앗았다. 우상은 온갖 고문에도 불구하고 장승과는 옛 친구 사이일 뿐이며 함께 공모한 적은 없다고 잡아뗐다. 위율이 심문 결과를 선우에게 보고하자, 선우는 소무를 죽이려 했다. 하지만 대신들의 만류로 겨우 진정한 선우는 위율을 통해 소무에게 흉노에 귀순하라는 압력을 가했다. 소무는 위율의 귀순 권유에 이렇게 대답했다.

"나는 한나라의 사신이오. 사신의 절개를 버린다면, 목숨을 부지한들 무슨 낯으로 살겠소?"

소무는 칼을 꺼내 자신의 목덜미를 찔렀고, 당황한 위율은 소무의 팔을 황급히 낚아챘다. 목에 중상을 입은 소무는 의식을 잃고 쓰러졌다. 위율이 황급히 의원을 불러 응급조치를 취하자 소무는 차츰 정신을 되찾았다. 이 일로 선우는 소무가 절개가 굳은 대장부라는 사실을 알게 되었다. 선우는 소무의 상처가 나으면 다시 귀순을 권고할 생각이었다.

선우는 위율을 시켜 다시 우상을 심문하면서 강제로 심문 과정을 소무가 곁에서 지켜보게 했다. 위율이 우상을 사형에 처하고 장승을 심문하자 겁에 질린 장승은 흉노에 귀순하고 말았다. 위율은 소무에게 이렇게 말했다.

"수행원이 잘못을 저질렀으니 당신도 연좌될 수밖에 없소."

"나는 그들과 공모하지 않았소. 게다가 나는 우상의 상관도 아니오. 어째서 나를 연좌하려는 것이오?"

위율은 칼을 뽑아 들고 소무를 협박했다. 하지만 소무는 눈도 꿈쩍하지 않았다. 위율은 하는 수 없이 칼을 거두더니 이렇게 말했다.

"나도 어쩔 수 없이 흉노에 귀순했소. 하지만 선우는 나를 후하게 대우하오. 왕의 작위를 내리고, 많은 부하와 양도 주었소. 나는 부귀영화를 누리고 있소. 귀순한다면 당장 내일 아침부터 나와 같은 호사를 누리게 될 것이오. 무엇 때문에 부질없이 목숨을 버리려 하시오?"

소무는 노기충천해 자리에서 벌떡 일어섰다.

"당신은 한나라의 신하였소. 은혜를 저버리고 나라와 부모를 배반했소. 한나라의 역적이 된 마당에 어떻게 내게 그런 말을 할 수 있소? 결코 귀순하지 않을 것이오. 협박해도 소용없소."

위율은 코웃음을 치며 돌아섰다. 위율이 소무의 태도를 선우에게 보고하자, 선우는 소무를 토굴에 가두고 음식도 주지 못하게 했다. 장기간 고통을 주어 소무를 굴복시킬 의도였다. 겨울로 접어들자 눈이 펑펑 쏟아졌다. 소무는 눈을 쓸어 먹으며 갈증을 달래고, 혁대와 양가죽을 씹으며 배고픔을 달랬다.

선우는 소무에게 고통을 가하는 것이 아무 소용이 없다는 것을 깨닫고 소무를 지금의 바이칼호 부근인 북해北海로 보내 양을 치게 하였다. 또 소무가 수행원 상혜와 소식을 주고받지 못하게 두 사람을 격리시켰다. 북해로 떠나는 소무에게 선우는 이렇게 말했다.

"숫양이 새끼를 낳으면 돌아오게 해 줄 것이다."

숫양이 어떻게 새끼를 낳겠는가! 이 말은 소무를 죽을 때까지 풀어주지 않겠다는 의미였다. 북해에는 아무것도 없었다. 한나라를 상징하는 깃발만이 그의 벗이 되었다. 흉노인들은 그에게 먹을 양식조차 주지 않았다. 소무는 들판의 풀뿌리를 파먹으며 허기를 달랬다.

기원전 85년, 흉노는 선우가 세상을 떠나고 내란이 일어나

셋으로 분열되고 말았다. 새로 자리에 오른 선우는 한나라에 정면으로 맞설 담력이 없었다. 그는 한나라에 사신을 보내 화친을 요청했다. 당시 한나라에서도 무제가 세상을 떠나고, 아들 소제 昭帝가 황제의 자리에 올라 있었다. 소제는 흉노에 사신을 보내 소무를 석방하라고 요청했다. 하지만 선우는 소무가 이미 세상을 떠났다고 둘러댔고, 한나라 사신은 선우의 말을 믿고 더 이상 소무에 대해 거론하지 않았다.

그 후 한나라는 다시 흉노에 사신을 보냈다. 소무의 수행원 상혜는 그때까지도 흉노에 억류되어 있었다. 상혜는 흉노 사람을 매수해 소무가 북해에서 양을 치고 있다는 사실을 한나라 사신에게 알렸고, 한나라 사신은 선우에게 이 문제를 엄중히 항의했다.

"진정으로 한나라와 평화로운 관계를 맺고 싶다면 우리를 속여서는 아니 됩니다. 한나라 황제께서 황실 사냥터에서 큰 기러기 한 마리를 잡았는데 발목에 편지가 매어 있었습니다. 편지에는 '소무가 아직 살아 있다'라고 적혀 있었습니다. 그런데도 소무가 죽었단 말입니까?"

한나라 사신의 추궁에 선우는 깜짝 놀랐다. 선우는 소무의 충심이 기러기를 감동시켜 소식을 전하게 한 것이라고 생각했다. 선우는 한나라 사신에게 사과하는 수밖에 없었다.

"소무는 아직 살아 있소. 곧 돌려보내겠소."

소무가 한나라 사신으로 흉노를 찾았을 당시 그의 나이는 40세였다. 그러나 19년 동안 흉노에서 갖은 고생을 겪은 그는 이제 머리와 수염이 온통 허연 노인이 되어 있었다. 소무가 한나라 도성인 장안長安으로 귀환하던 날, 장안의 백성들이 모두 나와 소무를 맞이했다. 사람들은 호호백발의 소무가 한나라 사신의 깃발을 손에 들고 돌아오는 모습에 감동을 금치 못했다.

25.
세 사람이 함께 가다 보면 반드시 본받을 만한 것이 있게 마련이다

공자가 말했다.
"세 사람이 함께 길을 가다 보면 그들 사이에서는 반드시 본받을 만한 것이 있게 마련이다. 훌륭한 구석은 가려서 본받고, 좋지 못한 구석은 고칠 수 있는 것이다."

子曰자왈: "三人行삼인행, 必有我師焉필유아사언, 擇其善者而從之택기선자이종지, 其不善者而改之기불선자이개지."

「술이 述而」

해설

공자는 배움에는 정해진 스승이 있는 것이 아니며, 중요한 것은 배움을 잘할 수 있는지의 여부라고 하였다. 이 말은 "어진 사람을 보거든 그 사람과 같아지려고 생각하고, 어질지 못한 사람을 보거든 자신을 되돌아보아야 한다."는 공자의 인식을 보여주는 것이다.

공자는 성실하게 자기수양을 하는 사람은 남에게서 무언가 깨달음을 얻어낼 수 있다고 여겼다. 그것이 긍정적인 것이든 부정적인 것이든 어떤 본보기를 얻어낼 수 있다는 것으로, 이는 공자에게 있어서 중요한 자기수양법의 하나였다.

공자는 항상 자신이 아는 것은 너무 적다고 자책했다. 자신은 경험 많은 농부만 못하고, 뽕을 따는 아낙만 못하고, 여덟 살짜리 아이만도 못하다고 했다. 따라서 "세 사람이 함께 길을 가다 보면 그들 사이에서는 반드시 본받을 만한 것이 있게 마련이다."는 말은 누구에게나 해당될 수 있는 것이다.

예화

공자가 아이들의 질문에 대답하지 못하다

공자가 제자들과 함께 유람을 떠났을 때의 일이다. 하루는 공자 일행이 초楚나라의 만성滿城이라는 곳을 지나게 되었다.

일행은 그림처럼 아름다운 풍경에 매료되어 수레를 멈추고 경치를 감상하고 있었다. 그런데 멀리서 두 아이가 서로 손짓발짓을 하면서 말다툼을 하는 모습이 보였다.

궁금해진 공자가 아이들에게 다가갔다. 아이들은 한 치의 양보도 없이 격렬하게 다투었다. 공자는 온화한 얼굴로 물었다.

"얘들아, 무엇 때문에 서로 다투는 게냐?"

한 아이가 말했다.

"태양은 언제 땅에서 가장 가까운지 따지고 있는 거예요."

아이의 말에 공자는 깜짝 놀랐다. 어른들도 미처 생각하지 못한 문제를 놓고 아이들이 논쟁을 벌이다니, 초나라의 교화가 예사롭지 않다는 생각이 들었다. 공자는 두 아이가 제기한 의문에 지못 흥미를 느꼈다. 공자는 아이에게 되물었다.

"그래, 네 생각으로는 태양은 언제 땅에서 가장 가까울 것 같으냐?"

한 아이가 거침없이 말했다.

"아침나절과 저녁나절에 가장 가까워요."

"왜 그렇게 생각하지?"

"해는 동쪽에서 떠오르거나 서쪽으로 질 무렵에는 수레바퀴만큼이나 크잖아요. 하지만 한낮에는 쟁반처럼 작아요. 물건은 가까이 있으면 크게 보이고 멀리 있으면 작게 보이는 법이에요.

그러니까 아침나절과 저녁나절이 땅에서 제일 가까운 것이죠."

아이의 말은 분명 이치에 합당한 구석이 있었다. 공자는 감탄을 금치 못했다.

"그렇지! 그렇구나."

그러자 곧바로 다른 아이가 반박했다.

"뭐가 그래요? 해는 아침저녁으로는 서늘하지만 한낮이 되면 뜨거워지죠. 불은 가까이 있으면 뜨겁고 멀리 있으면 뜨겁지 않죠. 그러니까 해는 한낮에 땅에서 가장 가깝다고 생각해요. 선생님 생각은 어떠세요? 제 말이 맞죠?"

이 아이의 말도 타당성이 있었다. 사람들은 모두들 공자가 많은 독서를 하여 세상 이치를 훤히 안다고들 하지만 정작 공자 자신은 이런 문제로 난처해질 줄은 생각하지 못했다. 공자는 어떻게 대답해야 좋을지 알 수 없었다. 두 아이는 공자를 바라보며 대답을 기다렸다. 그들의 눈빛은 마치 칼날처럼 빛났다. 하지만 공자는 아무 대꾸도 하지 못했다. 평소 공자는 사실에 근거하여 진리를 탐구했고, 자신의 결점과 부족함을 숨기지 않았다. 그는 두 아이에게 사실대로 말했다.

"글쎄, 그건 나도 잘 모르겠는 걸……"

두 아이는 몹시 실망한 표정이었다. 아이들은 다시 자기들끼리 갑론을박하더니 한 아이가 이렇게 말했다.

"그런데도 왜 사람들은 선생님을 모르는 게 없는 분이라고 말하는 건가요?"

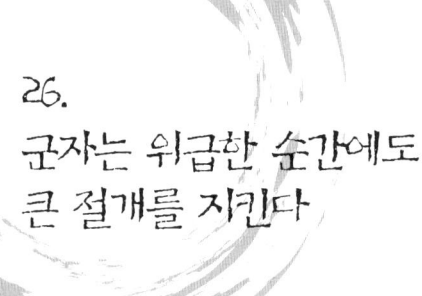

26.
군자는 위급한 순간에도
큰 절개를 지킨다

증자가 말했다.

"어린 임금을 맡길 수 있고, 나라의 운명을 맡길 수 있으며, 생사존망의 위급한 순간에도 큰 절개를 지킬 수 있는 인물이라면 군자와도 같은 사람이 아니겠는가? 군자다운 사람이리라."

曾子曰증자왈: "可以託六尺之孤가이탁육척지고, 可以寄百里之命가이기백리지명, 臨大節而不可奪也림대절이불가탈야, 君子人與군자인여? 君子人也군자인야."

「태백 泰伯」

풀이

六尺之孤 육척지고 죽은 부왕의 자리를 이은 어린 임금. 옛날에는 '6척'은 아직 성인이 되지 않았거나 신체가 왜소함을 가리킴.
百里 백리 제후의 나라를 가리킴.

해설

친구 사이에도 자기 처자식을 맡기는 것은 매우 어려운 일이다. 하물며 나라의 운명을 맡기는 것은 말할 것도 없다. 하지만 그렇게 할 수 있는 사람이라면 군자라고 할 수 있다.

군자는 생사가 달린 중요한 순간에도 자신의 절개를 지키고 자신의 덕망을 견지한다. 평소에는 남다른 구석을 찾아보기 어렵지만 결정적인 순간에는 자신의 의기와 절개를 드러낸다. 그러므로 사람을 살핌에 있어서는 큰 절개를 살펴야 한다. 증자는 이런 사람이라면 진정한 군자임에 틀림없다고 하였다.

증자의 말은 공자의 사상과도 일맥상통한다. 공자가 사람들에게 가르친 것은 살아 있는 학문이었지 죽은 독서가 아니었다. 즉 사람들에게 진정한 군자가 될 수 있게 일깨워준 것이다. 이런 점이 바로 공자의 사상이 지닌 진정한 가치다.

예화

정영이 불의에 맞서 진정한 군자의 풍모를 보여주다

춘추시대 진晉나라 영공靈公은 도안가屠岸賈라는 신하를 총애했다. 그런데 도안가는 충성스럽고 어진 사람들을 해치는 간신이었다. 영공은 화려한 누각을 만들고 그곳에서 도안가와 함께 술을 즐겼다. 술기운이 얼근하면 재미삼아 지나가는 사람들을 활로 쏘고는 했다. 이런 까닭으로 길 가던 많은 백성들이 영문도 모른 채 머리에 화살을 맞고 죽임을 당했다.

한편, 대부 조순趙盾은 충성스럽고 강직한 신하였다. 하루는 조순이 누각으로 달려가 영공에게 직언을 올렸다.

"백성은 나라의 근본입니다. 근본이 굳건해야 나라가 평안한 법입니다."

하지만 영공은 조순의 간청에 귀를 기울이지 않았다. 결국 조순은 조카를 사주해 영공을 죽이고 자신이 임금의 자리에 오르니, 역사에서는 그를 성공成公이라고 부른다.

그런데 성공이 세상을 떠나자 뒤를 이어 즉위한 경공景公은 도안가를 다시 기용했다. 조정을 손에 넣자 도안가는 또다시 권력을 휘둘렀다. 그는 경공에게 조순은 임금을 시해한 난신적자亂臣賊子로, 그의 집안에서는 군사를 모으고 무기를 만들어 반역을 도모한다고 무고했다. 경공도 평소에 조순 일가의 세력이

커지는 것을 염려해 기회를 보아 제거할 생각이었다. 경공은 도안가의 말이 근거 없는 줄 알면서도 조씨 일가를 소탕하라는 명령을 내렸다.

도안가는 군사를 거느리고 조순의 집으로 달려가 그의 일족을 남김없이 죽였다. 조순의 아들 조삭趙朔을 비롯한 일족들과 노비 등 3백 명이 넘는 사람이 하룻밤 사이에 불귀의 객이 되고 말았다. 당시 조삭의 아내 장희莊姬는 임신한 몸이었다. 영공의 누이이기도 한 장희는 급히 궁중으로 몸을 숨겼다. 도안가는 장희가 궁중에 숨어 있다는 사실을 알고 경공에게 이렇게 아뢰었다.

"장희가 아들을 낳으면, 장성한 뒤에 반드시 복수하려 할 것입니다. 그러니 화근을 없애야 합니다."

"그렇다고 고모를 죽일 수는 없소. 그러니 아들을 낳거든 그때 아이를 죽이시오."

당시 조삭의 집에는 공손저구公孫杵臼라는 문객이 있었다. 공손저구는 조삭의 친구 정영程嬰에게 이렇게 물었다.

"선생은 어째서 목숨을 끊지 않으시오?"

"조삭의 부인이 임신 중이오. 사내아이를 낳는다면 내가 그 아이를 돌볼 것이고, 딸을 낳는다면 그때 가서 스스로 목숨을 끊을 것이오."

얼마 후, 장희는 아들을 낳았다. 하지만 사람들에게는 딸을 낳았는데 태어나자마자 죽었다고 거짓 소문을 퍼뜨렸다. 도안가는 이런 소문을 믿을 수 없었다. 그는 사람을 데리고 궁중을 샅샅이 뒤졌다. 하지만 장희는 아이를 치마 속에 숨겼고, 도안가는 끝내 아이를 찾아내지 못했다. 마음을 놓을 수 없었던 도안가는 이렇게 포고했다.

"조씨 자식이 어디 있는지 고하는 자에게는 상금 천 냥을 내리겠다."

조삭에게는 한궐韓厥이라는 절친한 벗이 있었다. 앞서 조삭은 죽기 전에 한궐에게 이렇게 말했다.

"장희가 아들을 낳거든 그 아이를 잘 보살펴주게. 그리고 아이가 장성하면 꼭 가문의 원한을 갚도록 해 주게."

당시 이 말은 장희도 곁에서 함께 들었다.

한편, 도안가가 경계심을 조금 늦추자, 한궐은 정영을 의원醫員으로 변장시켜 약자루를 들고 궁중에 들어가 장희를 만나게 했다. 정영의 신분을 확인한 장희는 아이를 약자루에 담았다. 순간 아이가 놀라 잠에서 깨어났다. 다급해진 장희는 손뼉을 두드리며 아이를 얼렀다.

"조무趙武야, 조무야, 뚝! 조씨 가문의 백 명도 넘는 억울한 혼령들의 원한을 네가 갚아야 한다."

이 말에 아이는 금세 울음을 그쳤고, 정영은 무사히 궁문을 빠져나갔다. 정영은 공손저구를 찾아가 이렇게 말했다.

"오늘은 무사히 넘어갔지만 또 수색을 하면 그때는 어쩔 셈인가?"

"아이를 보살피는 것과 죽는 것은 어느 쪽이 더 어려운 일이겠는가?"

"죽는 것이 쉽지. 아이를 돌보기란 쉽지 않네."

"그렇다면 조삭의 집안에서 자네를 후대했으니, 자네가 어려운 일을 맡게. 나는 쉬운 쪽을 택하겠네. 나는 먼저 죽겠네."

공손저구는 정영의 아이를 데려다 마치 조삭의 아이처럼 위장했다. 이어서 정영은 거짓 밀고를 했다. 정영은 관리들을 안내해 공손서구를 체포하게 했다. 공손저구는 거짓으로 이렇게 소리쳤다.

"정영, 이 소인배 놈! 애당초 함께 조삭의 아들을 숨기자고 하고서 나를 팔아먹어? 돌보지는 못할지언정 밀고를 하다니!"

공손저구는 정영의 아이를 끌어안고 소리쳤다.

"하늘이시여! 아이가 무슨 죄가 있습니까? 제발 살려주십시오. 저만 죽이시면 됩니다."

순간 도안거가 모습을 드러냈다. 도안거는 공손저구와 정영의 아들을 모두 죽이고, 이제 조씨 집안의 사람은 모조리 제거

되었다고 여겼다. 하지만 조삭의 진짜 아들은 무사했다. 정영은 조삭의 아들을 데리고 깊은 산속에 몸을 숨겼다.

15년의 세월이 흘렀다. 경공은 위중한 병에 걸려 누워 있었다. 그 무렵 한궐은 경공에게 조삭의 아들에 관한 문제를 아뢰고 후사를 논의했다. 경공은 조삭의 아들을 궁중으로 불러 일단 숨겨두었다. 그런 다음 경공을 문병하러 찾아오는 신하들에게 조삭의 아들을 대면시켰다. 조삭의 아들은 이름이 조무였다. 신하들은 비로소 예전에 있었던 사건의 사실을 털어놓았다.

"그 일은 본래 도안가가 꾸민 것입니다. 그가 중신들에게 강요해 그렇게 꾸민 것입니다. 감히 누가 그런 짓을 벌일 수 있었겠습니까?"

신하들은 정영, 조무와 함께 도안가를 급습해 그의 가족들을 모두 죽였다. 경공은 조무에게 조씨 가문의 땅을 돌려주었다.

조무가 관례冠禮를 치르고 성년이 되자, 정영은 대신들과 작별 인사를 나누었다. 그리고 조무를 찾아가 이렇게 말했다.

"지난날 변란을 만나 집안사람들이 모두 죽었다네. 나는 죽음이 두려웠던 것이 아니라 조씨 가문의 후사를 이어주고 싶었던 것이네. 이제 자네가 조상의 가업을 잇게 되었으니, 나는 저승에 가서 공손저구를 만나 결과를 알려야겠네."

조무는 눈물을 흘리며 머리를 조아렸다.

"죽을 때까지 제가 은혜에 보답해도 모자랄 것인데 스스로 죽음을 택하시는 것을 어찌 보고만 있겠습니까?"

"아닐세. 공손저구는 내가 이 일을 해낼 것으로 믿었기 때문에 먼저 죽은 것이네. 이제 내가 그를 찾아가 일을 무사히 끝냈음을 알려주지 않는다면 내가 임무를 완수했다고 할 수 없네."

정영은 조씨 가문의 원한을 씻었다고 판단하고 칼로 목을 찔러 스스로 목숨을 끊었다. 정영은 공손저구와 합장되었는데, 사람들은 이를 '이인총二人塚'이라고 부른다. 정영과 공손저구의 아름다운 이야기는 길이 전해진다.

27.
선비는 몸에 진 짐은 무겁고 갈 길은 멀기에 도량은 넓고 의지는 강해야 한다

증자가 말했다.

"선비는 몸에 진 짐은 무겁고 갈 길은 멀기에 도량은 넓고 의지는 강해야 한다. 인을 실천하는 것을 자신의 책무로 삼으니 그 짐이 무겁지 않겠는가? 죽은 뒤에야 그만두는 일이니 그 길이 멀지 않겠는가?"

曾子曰증자왈: "士不可以不弘毅사불가이불홍의, 任重而道遠임중이도원. 仁以爲己任인이위기임, 不亦重乎불역중호? 死而後已사이후이, 不亦遠乎불역원호?" 「태백泰伯」

> **풀이**
>
> **弘毅** 홍의 도량이 넓음. **任** 임 임무, 책임, 짐.
> **已** 이 그침. 그만둠.

해설

이는 매우 널리 알려진 말이다. 여기서 증자가 말한 '선비[士]'는 공부하는 사람의 통칭이다. 증자는 선비는 넓은 도량, 큰 안목, 굳은 의지, 결단력을 지녀야만, 국가와 사회를 위해 자신의 책무를 감당할 수 있다고 했다.

공자가 추구한 '인'은 너그러운 마음으로 국가, 사회, 타인을 대함으로써 남과 세상을 구제하는 책임을 갖는 것으로, 이런 책무는 세상을 떠나는 순간까지도 계속된다. 선비는 이런 책임을 자기 학문과 자기수양의 목표로 삼아야 한다.

예화

굴원이 비방을 받고 쫓겨나 멱라강에 투신하다

초楚나라는 진秦나라에 패배한 뒤로 줄곧 진나라에게 기만을 당하고 있었다. 이에 초나라 회왕懷王은 마침내 제齊나라와 다시 연합할 생각을 갖게 되었다. 그런데 새로 즉위한 진나라 소양왕昭襄王은 회왕에게 무관武關에서 만나 화친의 맹약을 맺자는 내용을 담은 편지를 정중하게 보내왔다.

소양왕의 편지를 받은 회왕은 고민에 빠졌다. 화친 요구를 거절하자니 진나라의 불만을 살 것이 뻔했고, 무관으로 가자니 함정에 빠질까 염려스러웠다. 회왕은 이 문제를 놓고 대신들과 진지하게 논의했다. 대부 굴원屈原은 회왕이 맹약에 나가는 것을 극구 만류했다.

"진나라는 이리처럼 사납습니다. 우리가 진나라에게 속은 것만도 벌써 여러 번입니다. 만약 대왕께서 무관에 가신다면 그들이 파놓은 함정에 빠지게 될 것입니다."

하지만 회왕의 아들 자란子蘭은 맹약에 참석하라고 완강하게 권유했다.

"우리가 진나라를 적으로 만든다면, 숱한 사람들이 죽임을 당하고 많은 땅을 잃게 될 것입니다. 지금 진나라가 우리와 화친을 원하는 것은 결코 뿌리칠 수 없습니다."

회왕은 자란의 말이 옳다고 여기고 진나라로 들어갔다. 하지만 굴원의 예상대로 회왕 일행이 무관 땅에 들어서자마자 미리 매복하고 있던 진나라 군사가 회왕 일행의 퇴로를 차단했다. 또 양측의 화친 회담이 진행되는 과정에서 소양왕은 검중黔中의 땅을 진나라에 떼어달라며 회왕을 압박했다. 하지만 회왕은 진나라의 무리한 요구를 완강히 거절했다. 그러자 소양왕은 회왕을 진나라의 도성 함양咸陽으로 끌고 가 구금하고, 초나라가 검중의 땅을 바쳐야만 풀어주겠다고 으름장을 놓았다.

초나라 대신들은 회왕이 진나라에 억류되었다는 소식에 태자를 새 임금으로 추대했다. 그가 곧 경양왕頃襄王이다. 경양왕은 진나라에 초나라의 영토를 떼 주기를 거부했다. 경양왕은 자란을 재상인 영윤令尹에 발탁했다.

진나라에 억류된 회왕은 갖은 고초를 겪으며 1년이 넘도록 풀려나지 못했다. 그는 탈출을 시도했지만 진나라 군사들에게 붙잡혀 다시 함양으로 돌아가는 수밖에 없었다. 얼마 후 그는 병을 얻어 진나라에서 세상을 떠나고 말았다.

초나라 사람들은 회왕이 진나라의 속임수에 빠져 타국에서 생을 마감하자 매우 슬퍼했다. 특히 굴원은 분노를 억누를 수 없었다. 그는 경양왕에게 인재를 널리 모으고 소인배들을 멀리하고, 군사를 잘 조련해, 나라와 회왕의 치욕을 씻으라고 간청했다. 하지만 굴원의 요청은 받아들여지지 않았고, 굴원은 오히려 자란과 근상靳尙 등에게 미움을 사게 되었다. 자란과 근상은 날마다 경양왕 앞에서 굴원을 헐뜯었다.

"굴원은 늘 불만을 입에 달고 다닙니다. '대왕께서 진나라에 대한 원한을 잊은 것은 불효한 것이며, 대신들이 진나라에 항거하자고 주장하지 않는 것은 불충한 것이다. 초나라는 불효한 임금과 불충한 신하가 있으니 망할 것이 뻔하다.'라고 말입니다."

대노한 경양왕은 굴원을 파직시키고, 상남湘南 지방으로 추방했다. 굴원은 나라와 백성을 염려하는 충정 때문에 오히려 간신배들의 모함에 시달리자 미칠 것만 같았다. 상남에 도착한 굴원은 날마다 멱라강汨羅江을 떠돌면서 슬픈 마음을 담아 노래를 불렀다.

인근 백성들은 그가 애국충정의 대신인 굴원임을 알아보고 모두들 그를 동정했다. 한번은 멱라강에서 고기잡이 하는 한 어부가 굴원의 사람됨에 감복하면서도, 그의 근심에 찬 모습에 대해 충고를 건네는 일이 있었다.

어느 날 굴원은 멱라강변에서 한 어부를 만났다. 어부는 굴원에게 이렇게 물었다.

"초나라의 대부가 아니십니까? 무슨 일로 이런 외진 곳까지 오셨습니까?"

"사람들은 죄다 더럽지만 나만 홀로 깨끗했고, 사람들은 죄다 술에 취했지만 나만 홀로 깨어 있었소. 그래서 여기에 온 것이오."

"남들이 모두 더럽다면 스스로 청고하게 하지는 마셔야지요. 남들이 모두 취했다면 무엇 때문에 홀로 깨어 계셨습니까?"

"머리를 감은 사람은 갓을 털어서 쓰고, 목욕을 마친 사람은 옷에 앉은 먼지를 털어낸다고 하오. 강물에 뛰어들어 고기밥이 될지언정 깨끗한 몸으로 진흙탕에 들어가 몸을 더럽힐 수는 없었소."

굴원은 많은 훌륭한 노래들을 남겼다. 그 가운데서도 가장 유명한 작품은 「이소離騷」다. 「이소」에서 굴원은 나라를 팔아먹은 소인배들을 매섭게 꾸짖고 나라와 백성을 근심하는 마음과 초나라의 나무 한 그루 풀 한 포기에 대한 깊은 애착을 담아냈다. 이 때문에 굴원은 중국 고대의 훌륭한 애국 시인으로 추앙받게 되었다.

기원전 278년 5월 초닷새 날, 굴원은 마침내 돌덩이를 안고 스스로 멱라강에 뛰어들었다. 인근 백성들이 소식을 듣고 달려와 배를 띄우고 굴원의 시신을 찾았지만 도도히 흐르는 강물 그 어디에도 굴원의 시신은 보이지 않았다. 사람들은 강을 반나절이나 샅샅이 뒤졌지만 끝내 굴원의 시신은 찾아내지 못했다. 사람들은 몹시 가슴이 아팠다. 그들은 대통에 쌀을 채워 강물에 던졌다.

이듬해 5월 5일, 멱라강 일대의 백성들은 굴원이 강물에 투신한 지 일주년이 되는 날임을 기억하고, 대통에 쌀을 채워 강물에 던졌다. 그에 대한 제사를 대신한 것이었다. 훗날 사람들은 대통 대신 종자粽子를 만들고, 용선龍船을 띄워 굴원의 죽음을 추모했다. 그리고 굴원을 추모하는 이런 활동은 점차 풍속으로 자리 잡았고, 마침내 음력 5월 5일 단오절의 유래가 되었다.

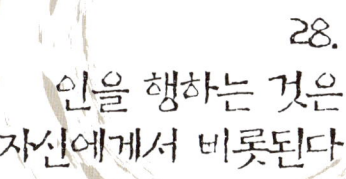

28.
인을 행하는 것은 자신에게서 비롯된다

공자가 말했다.

"비유컨대 흙으로 산을 만드는 데, 한 삼태기만 더하면 끝나는 데도 그만두는 것은 내가 그만두는 것이다. 또 비유컨대 땅을 평평하게 만드는 데, 한 삼태기밖에 덮지 않았지만 계속해 나가는 것은 내가 하는 것이다."

子曰자왈: "譬如爲山비여위산, 未成一簣미성일궤, 止지, 吾止也오지야. 譬如平地비여평지, 雖覆一簣수복일궤, 進진, 吾往也오왕야." 「자한子罕」

풀이

譬비 비유함.
止지 그침, 그만둠.
覆복 덮음.
簣궤 삼태기.
平평 평평하게 함.
往왕 실행함.

해설

「안연顔淵」편에서 공자는 "인을 실천하는 것은 자신에게서 비롯된다."고 했는데, 이 또한 같은 이치를 언급한 것이다. 성공과 실패는 자신의 노력에 달려 있다. 학문이든 수양이든 일이든 이치는 마찬가지다. 일을 함에 있어서 나아가지 못한다면 퇴보하게 마련이다. 심지어 나아가지 못하고 머물러 있는 것도 퇴보하는 것이다.

군자는 도덕을 수양함에 있어서 이런 점에 특히 주의를 기울여야 한다. 가장 큰 어려움은 자신을 이겨내는 것이다. 많은 사람들이 실패하는 것은 그 원인을 외부에 돌리기 때문이다. 하지만 공자는 실패하는 까닭은 대부분 심리적인 피로와 위축 때문이지 외부적 요인 때문은 아니라고 했다. 때문에 공자는 무슨 일에 있어서든지 성패의 여부는 대개 자신에게 달려 있는 것이며, 설령 외부적 요인이 있다고 하더라도 그것은 대부분 자신과 관계가 있다는 점을 강조했다.

예화

우공이 산을 옮기다

아득한 옛날에 우공愚公이라는 인물이 있었다. 우공이 사는 집은 태항산太行山과 왕옥산王屋山이라는 높은 산이 가로막고 있어서 우공의 식구들은 집을 드나들 적마다 멀리 돌아 다녀야만 했다.

하루는 저녁밥을 먹던 중에 우공이 갑자기 식구들에게 이런 제안을 내놓았다.

"우리 식구들이 힘을 모아 집 앞을 가로막고 있는 산을 옮기는 것이 어떻겠느냐? 그러면 집을 나서면 바로 큰길로 통할 수 있지 않겠는가?"

아들과 손자들은 모두 고개를 끄덕였다.

"좋은 생각이군요! 좋습니다!"

하지만 우공의 아내는 고개를 가로저었다.

"그건 불가능한 일이에요. 흙더미조차 옮길 힘도 없는 양반이 저렇게 큰 산을 어떻게 옮긴단 말이에요? 또 설령 옮긴다 하더라도 파낸 흙과 돌멩이를 어디에 버리겠어요?"

"그건 아무 문제도 없소! 바다에 내다 부으면 되오!"

이튿날 우공은 아들, 손자와 함께 망태기를 메고 삽으로 산을 파내기 시작했다. 우공의 이웃인 경성씨京城氏도 어린 아들을 데리고 우공의 일을 도왔다. 이때 지수智叟라는 노인이 그들을 보고는 비웃었다.

"우공! 당신은 정말 어리석구려. 그렇게 늙은 몸으로 어떻게 저 산을 옮기겠다는 것이요? 아마도 죽을 때까지 퍼낸대도 산을 옮기는 것은 어림도 없을 것이오."

우공은 지수의 말에 이렇게 대꾸했다.

"당신이야말로 어리석구려. 나는 비록 늙었지만 내겐 아들이 있소. 대를 이어 산을 파 옮길 수 있단 말이오. 아들이 다시 아들을 낳고, 손자가 다시 아들을 낳으면 대대손손 계속할 수 있질 않겠소? 산은 한 겹 깎아내면 한 겹이 낮아지게 될 것이고, 언젠가는 저 두 산을 모두 옮기게 될 것이오. 세상에 이겨내지 못할 어려움이 무엇이 있겠소?"

우공의 대답에 지수는 아무런 대꾸도 하지 못하고 얼른 자리를 피했다.

훗날 산신山神과 해신海神이 우공이 산을 옮긴다는 사실을 알고 이를 천신天神에게 고했다. 그러자 천신은 이렇게 말했다.

"흠! 우공이라는 자는 정녕 항심恒心을 지닌 인물이구나. 내가 그를 도와줘야겠다."

천신은 두 신선을 보내 왕옥산과 태항산을 하나씩 지어 멀리 옮기게 했다.

이로부터 난관을 두려워하지 않고 부단히 노력을 기울이는 것을 '우공이산愚公移山의 정신'이라고 일컫게 되었다. 무슨 일이든지 불굴의 의지를 갖고 실천해야만 성공을 이룰 수 있는 법이다.

29.
추운 겨울이 되어서야 소나무와 잣나무가 나중에 진다는 사실을 알게 된다

공자가 말했다.

"추운 겨울이 되어서야 소나무와 잣나무가 나중 진다는 사실을 알게 된다."

子曰자왈: "歲寒然後知松柏之後凋也세한연후지송백지후조야."
「자한 子罕」

풀이

歲寒세한 날씨가 추워짐.
凋조 잎이 시들어 떨어짐.

松柏송백 소나무와 잣나무.

해설

이는 공자가 추운 겨울이 되면 모든 초목은 떨어지지만 소나무와 잣나무만큼은 푸름을 잃지 않는 모습을 감탄한 말이다.

사람은 곤경에 처해야만 진정한 모습을 드러내는 법이다. 공자는 소나무와 잣나무를 인자仁者와 지사志士에 비유했는데, 역경에 처했을 때에 오히려 분발하는 굳건한 기품을 칭송한 것이다. 공자는 배우는 사람들에게도 역경에 빠져서도 희망을 잃지 말고, 순조로울 때에도 올바른 도리를 어기지 말라고 일깨워주었다.

공자의 이 말은 후세에 큰 영향을 주었다. 후대의 유학자들은 흔히 "매서운 바람이 불면 어떤 풀이 굳센지 알 수 있고, 위기의 순간이 되면 누가 오래된 신하인지 알 수 있다."는 말을 했다. 개인적 곤경이나 국가의 전란 같은 위기의 순간에도 외부의 위협이나 유혹에 흔들리지 않고 자신의 도덕적 품격을 지켜 나가야 한다.

예화

안진경이 이희열의 불의에 목숨을 던져 분연히 맞서다

안사安史의 난이 벌어지면서 당唐나라 왕조는 번영에서 쇠락의 길로 접어들기 시작했다. 당시 지방의 군권軍權을 장악하고 있던 절도사節度使들은 이를 틈타 자기 관할구역을 근거로 병력을 키움으로써 번진藩鎭들이 할거하는 상황이 연출되었다.

대종代宗이 세상을 떠나고, 아들 이괄李适이 황제의 자리에 오르니, 역사에서는 그를 덕종德宗이라고 부른다. 덕종은 번진이 권력을 좌지우지하는 상황을 바로잡아 보려고 하였지만, 오히려 위기감을 느낀 번진의 군사반란을 초래하고 말았다. 덕종은 이에 관군을 보내 토벌에 나섰지만 반란은 평정되기는커녕 더욱 번져나갔다.

782년, 다섯 번진이 반란을 일으켰는데, 그 가운데서도 회서淮西의 절도사이던 이희열李希烈이 가장 막강했다. 이희열은 '천하병마도원수'로 자칭하면서 도성으로 쳐들어왔다. 이희열을 비롯한 다섯 번진의 동시다발적 반란은 조정을 잔뜩 긴장시켰다. 위기감을 느낀 덕종은 재상 노기盧杞와 해결책을 의논했다. 노기가 말했다.

"걱정하지 마십시오. 덕망이 높은 대신을 보내 설득하면, 무력을 쓰지 않고도 반란을 잠재울 수 있을 것입니다."

"누가 그 일을 할 수 있겠소?"

노기는 태자태사 안진경顏眞卿을 추천했다. 덕종도 동의했다. 안진경은 큰 명망을 누리던 노신老臣이었다. 안사의 난이 일어났을 당시 그는 평원平原의 태수직을 맡고 있었다. 반란군은 당시 하북河北 지방의 모든 고을을 함락했지만, 안진경이 다스리는 평원만큼은 수중에 넣지 못하고 있었다. 뒤에 안진경의 사촌형 안고경安杲卿이 고성藁城에서 의병을 일으키자, 하북 지방의 17개 고을이 이에 동조했고, 만장일치로 안진경을 맹주로 내세워 안록산의 반란군에 맞섰다. 대종이 다스리던 시절에 안진경은 노군공魯郡公의 작위를 받았기에 사람들은 그를 '안노공'이라고 불렀다. 안진경은 강직한 성품 때문에 더러 간악한 무리들에게 무고를 당하기도 하였다. 하지만 안진경의 위엄과 덕망이 워낙 높은지라 간악한 무리들은 대개 그를 존경하는 체하였다.

반면 재상 노기는 교활한 인물이었다. 그는 평소 안진경을 질투했지만 어찌할 도리가 없었는데, 이제 반란군을 회유하는 일을 그에게 맡김으로써 안진경을 위험에 빠뜨릴 속셈이었다.

안진경은 이미 일흔도 넘은 노인이었다. 많은 문무관원들은 연로한 그를 이희열의 진영으로 파견한다는 소식에 그의 안전을 매우 걱정했다. 하지만 안진경은 개의치 않았다. 그는 몇몇 시종관을 거느리고 단걸음에 회서로 달려갔다.

이희열은 안진경에게 매서운 맛을 보여줄 심산이었다. 양측이 담판하는 자리에 이희열은 무려 1천 명도 넘는 자신의 부하 장수들과 양자들을 도열시켰다. 그들은 안진경이 이희열에게 반란군을 해산하라고 권고하자 시퍼런 칼을 들고 달려들어 욕설을 퍼부으며 위협했다. 안진경은 전혀 동요하지 않고 그들에게 냉소를 퍼부었다. 이희열은 깜짝 놀란 표정을 지으며 벌떡 일어나 안진경을 감싸더니 그들을 물러나게 하였다. 이희열은 안진경을 객관客館으로 안내하게 했다. 이제 천천히 그를 회유할 셈이었다.

며칠 후 네 번진의 우두머리들이 이희열에게 사신을 보내 황제의 자리에 오르라고 청하자 이희열은 그들을 위로하는 성대한 잔치를 열었다. 안진경도 초대를 받고 참석했다. 번진에서 온 사신들은 일제히 이희열에게 축하의 인사를 올렸다.

"안 태사의 명성은 진작부터 들어서 잘 알고 있습니다. 이제 원수께서 황제의 자리에 오르실 터인데 태사께서도 마침 여기와 계시니, 이미 재상은 임명한 셈입니다."

이 말에 안진경은 눈을 부라리며 꾸짖었다.

"재상이라니? 무슨 당치 않은 소리인가! 나는 이미 여든을 바라보는 나이다. 능지처참을 당한대도 두렵지 않다. 내가 그대들의 유혹에 넘어갈 성싶은가? 내가 그대들의 위협에 눈이나 꿈쩍할 줄 아는가?"

사신들은 안진경의 늠름한 기상에 아무 대꾸도 하지 못했다.

안진경을 설득할 뾰족한 방법이 없던 이희열은 안진경을 옥에 가두고 병졸들에게 옥사 마당에 한 길 남짓한 구덩이를 파게 했다. 그리고 병졸들에게 안진경이 들을 수 있게 큰 소리로 그를 파묻을 구덩이라며 떠벌리게 했다. 이튿날 이희열이 안진경을 찾아오자 안진경은 이렇게 말했다.

"어차피 나의 생사는 이미 결정되었소. 그러니 이런 술수를 부릴 필요도 없소. 속 시원히 나를 단칼에 베어버리시오."

1년이 지났다. 이희열은 이제 '초제楚帝'라고 자칭했다. 이희열은 자신의 부장을 안진경에게 보내 다시금 귀순을 강요하는 한편 병사들에게 옥사 마당에 장작을 쌓아 기름을 끼얹고 불을 붙이게 하고는 안진경을 위협했다.

"투항하지 않으면 저 불더미에 처넣을 것이오!"

안진경은 대답 대신 불더미 속으로 걸어 들어갔다. 놀란 반군의 병사들이 황급히 그를 제지하고, 이를 이희열에게 보고하였다.

이희열은 안진경을 자기편으로 만들 방법이 없다는 사실을 깨닫고 마침내 안진경을 핍박해 스스로 목숨을 끊게 했다.

30.
지나친 것은 못 미치는 것과 같다

자공이 물었다.
"사師와 상商 가운데 누가 더 낫습니까?"
공자는 이렇게 대답했다.
"사는 지나치고, 상은 못 미치지."
자공이 다시 물었다.
"그러면 사가 좀 낫다는 것입니까?"
공자는 이렇게 대답했다.
"지나친 것은 못 미치는 것과 같다."

子貢問자공문: "師與商也孰賢사여상야숙현?" 子曰자왈: "師也

過사야과, 商也不及상야불급." 曰왈: "然則師愈與연즉사유여?"
子曰자왈: "過猶不及과유불급."

「선진先進」

풀이

師사 공자의 제자인 전손사顓孫師, 즉 자장子長.
商상 복상卜商, 즉 자하子夏.   **孰**숙 누구. 어느 사람.

해설

 자장子長과 자하子夏는 공자의 제자들 가운데 성적이 뛰어난 인물들이었다. 자하는 문학에 뛰어났고 성실했다. 그는 언젠가 "벼슬하면서 남는 힘이 있으면 배워야 하고, 배우고 나서 남는 힘이 있으면 벼슬해야 한다."고 했다. 하지만 일처리에 있어서는 더러 부족한 구석이 있었다. 자장은 생각이 깊고 배움을 좋아했다. 하지만 생각에 극단적인 구석이 있었고, 일처리에 있어서도 원칙을 넘어서기가 일쑤였다.

 공자는 두 제자에 대한 평가를 통해 자신이 지닌 중용中庸의 원칙을 내보였다. 자공이 '지나친 것'이 좀 낫지 않느냐고 묻자 공자는 자공의 생각을 바로잡아 주었다. 어떤 목표를 추구하는 과정에서 한 걸음 지나치거나 모자라는 것은 모두 목표에 이르지 못한 것이며, 또 멀리 간다고 해서 목표에 더 가까이 다가서는 것도 아님을 일깨워준 것이었다.

지나침과 미치지 못함은 모두 좋지 않은 것이다. 수양에 있어서도 그렇고, 일처리에 있어서도 마찬가지다.

예화

공자가 증삼의 잘못된 효행을 일깨워주다

증석曾晳과 증삼曾參 부자는 모두 공자의 제자였다. 부친 증석은 걸핏하면 화를 내는 등 성격이 몹시 거칠었지만 아들 증삼은 매우 신중하고 공손했으며 또 무척 효성스러웠다.

하루는 증석 부자가 외밭에서 김을 매고 있었다. 그런데 증삼이 실수로 그만 오이의 싹을 잘랐다. 화가 난 증석은 몽둥이를 들고 증삼에게 달려갔다. 증삼은 눈을 부라리며 화를 내는 아버지를 보면서도 아무 변명도 하지 않았다. 증석은 증삼의 등을 몽둥이로 사정없이 내리쳤다. 증삼은 외마디 비명을 지르더니 그 자리에서 고꾸라졌다. 한참이 지나서야 증삼은 정신을 차렸다. 얻어맞은 등짝은 아직도 얼얼했지만 그는 기쁜 표정을 지으며 증석에게 다가가 이렇게 말했다.

"아버지, 아까 제가 오이 싹을 잘못 잘라 아버지를 노엽게 했습니다. 아버지는 힘으로 저를 일깨우셨습니다. 이제 화가 가라앉으셨는지요?"

증석은 아무 말도 하지 않았다.

집으로 돌아온 증삼은 평소처럼 거문고를 타며 노래를 불렀다. 그는 일부러 아버지가 들을 수 있게 큰 소리로 노래를 불렀다. 낮에 자신이 심하게 얻어맞았지만, 아무렇지 않다는 것을 아버지께 보여드리려는 것이었다.

이 이야기를 전해 들은 노魯나라 사람들은 모두 증삼을 효자라며 칭찬했지만 공자는 발끈 화를 냈다. 공자는 제자들에게 이렇게 말했다.

"증삼이 오거든 절대로 집안에 들여놓지 말라!"

증삼은 자신은 아무 잘못도 없는데 선생님께서는 무엇 때문에 자신을 오지 못하게 하시는지 몹시 궁금했다. 증삼은 학우들을 통해 뵙기를 간청하여 어렵사리 공자를 만날 수 있었다. 증삼은 공자에게 공손히 여쭈었다.

"선생님, 제가 무슨 잘못을 했습니까?"

공자는 불만스럽게 증삼을 노려보았다.

"이런 이야기를 들어본 적이 있느냐? 예전에 한 눈먼 노인에게 순舜이라는 아들이 있었다. 순은 아주 효성스러운 아들이었다. 노인이 순을 찾을 적이면 순은 항상 그 곁에 있었다. 하지만 노인이 순을 죽이려 하자 순은 어디론가 달아나고 없었다. 너는 아버지께 효도를 하면서도 제 몸으로 아버지의 매질을 받아들였다. 그것이 효도라고 생각하느냐? 만약 네가 맞아 죽기라도 한다면, 그것은 아버지를 불의한 지경에 빠뜨리는 것이다. 큰 불효를 저지르는 것이다. 너는 천자天子의 백성이 아니더냐? 천자의 백성을 죽이는 것이 어떤 죄인 줄 알고 있느냐?"

공자의 말에 증삼은 환히 느껴지는 바가 있었다. 그리고 이내 부끄러운 마음이 들었다.

"제가 큰 잘못을 저질렀습니다."

31.
사사로운 욕심을 이겨내고 언행을 예법에 맞게 하라

 안연이 '인仁'을 어떻게 실천해야 하는지를 물었다. 공자는 이렇게 대답했다.
 "자신의 사사로운 욕심을 이겨내고 언행을 예법에 맞게 하는 것이 바로 '인'이다. 하루라도 이렇게 할 수 있다면 세상 사람들이 모두 어진 사람이라고 칭송할 것이다. 인을 실천하는 것은 자신에게 달린 것이다. 남에게 의지할 수 있는 것이겠느냐?"
 안연이 다시 물었다.
 "인을 실천하는 요점을 알려주십시오."
 공자는 이렇게 설명했다.
 "예에 어긋나는 것은 보지 말고, 예에 어긋나는 것은 듣지 말고, 예에 어긋나는 것은 말하지 말고, 예에 어긋나는 것은 행하지 말라."

안연은 이렇게 다짐했다.

"제가 비록 어리석지만 선생님의 말씀을 잘 지키겠습니다."

顏淵問仁안연문인. 子曰자왈: "克己復禮爲仁극기복례위인. 一日克己復禮일일극기복례, 天下歸仁焉천하귀인언. 爲仁由己위인유기, 而由人乎哉이유인호재?" 顏淵曰안연왈: "請問其目청문기목." 子曰자왈: "非禮勿視비례물시, 非禮勿聽비례물청, 非禮勿言비례물언, 非禮勿動비례물동." 顏淵曰안연왈: "回雖不敏회수불민, 請事斯語矣청사사어의."

「안연顏淵」

해설

공자가 여기서 말한 '인'은 자기수양에 필요한 것을 말하는 것이다. 안연顏淵, 즉 안회顏回는 공자가 가장 훌륭하게 여긴 제자였다. 공자는 "그 마음이 석 달 동안에도 인을 어김이 없다."며 안회를 칭찬했는데, 그런 안회가 '인'에 대하여 묻자 공자는 '예禮'의 필요성을 언급했다. 이는 안회가 고상하고 순수한 자질을 지님으로써 '인자仁者'의 바탕을 갖고 있었기 때문이다. 즉 그로 하여금 나아가 예의를 닦게 하여 외적인 수양을 더하게 하려는 것이었다. 바탕과 꾸밈이 조화로운 군자의 경지에 이르러 '인'의 완벽한 실천자가 되게 하려는 것이었다.

예화

안회가 재가 묻은 밥을 주워 먹다

공자가 진陳나라를 찾았을 때의 일이다. 당시 공자 일행은 양식이 바닥나 고통을 겪고 있었다. 이레 동안이나 초근목피로 허기를 달래던 어느 날, 자공이 멀리까지 가서 자기 옷가지를 팔아 쌀 한 섬을 구해 돌아왔다. 안회와 자로는 무척 기뻐하며 단걸음에 부엌으로 달려가 불을 지피고 밥을 지었다. 그런데 안회는 밥을 짓다가 그만 재를 솥에 빠뜨리고 말았다. 재가 묻은 밥을 퍼서 버리자니 너무 아깝다는 생각이 든 안회는 잠시 망설이더니 재가 묻은 밥을 골라 손으로 집어 먹었다.

공자는 평소 제자들에게 무슨 일이든 예법에 맞아야 한다고 가르쳤다. 가령 음식물이 생긴 경우라면 반드시 어른에게 먼저 드려야 한다고 가르쳤다. 그런데 공교롭게도 자공이 안회가 밥을 집어 먹는 모습을 보았다. 앞서 말했듯이 당시는 양식이 바닥난 상태였기 때문에 곡식 한 톨도 금쪽같은 상황이었다. 자공은 안회가 밥을 몰래 훔쳐 먹는 것으로 여기고 몹시 부아가 났다. 자공은 다급한 상황에서는 밥 한 숟가락이 사람을 저렇게 바꿔놓을 수도 있다는 생각마저 들었다. 자공은 공자를 찾아가 물었다.

"덕망이 있고 청렴한 사람도 자신의 절개를 바꿀 수 있는 것입니까?"

공자는 성난 표정의 자공에게 차분히 대답했다.

"절개를 바꾼다면 어찌 군자라고 하겠느냐?"

"그렇다면 안회의 행동은 절개를 버린 것이군요."

"자공아, 무슨 일이 있었느냐? 뒤에서 남을 함부로 평가하는 것은 군자의 행동이 아니다."

자공은 자신이 두 눈으로 목격한 상황을 공자에게 아뢰었다. 그러자 공자는 자신 있는 목소리로 이렇게 말했다.

"나는 안회가 군자라고 여긴 지 오래되었다. 네가 앞서 목격한 상황을 이야기했지만, 안회가 그렇게 한 데는 무슨 사연이 있을 것이다. 더 이상 아무 말도 하지 말거라. 내가 직접 물어볼 것이다."

하지만 정작 공자 자신도 고민이었다. 자신이 아끼는 제자인 안회는 결코 인을 어기지 않을 것이라고 믿어 왔기 때문이었다. 언젠가는 "광주리 밥을 먹고 바가지 물을 마시며 초라한 골목에서 살아가는 것을 보통 사람이라면 견디기 어려울 것인데 안회는 그것을 즐거움으로 여기고 바꾸려 하지 않는구나. 어질다, 안회야!"라며 칭찬한 적도 있었다. 그런데 그런 그가 오늘 남몰래 밥을 훔쳐 먹은 것은 무엇 때문이었을까?

공자가 곰곰이 생각에 잠겨 있을 때, 마침 안회가 밥상을 차려 들고 들어왔다.

"선생님, 진지 드십시오."

공자는 아무런 내색도 없이 이렇게 말했다.

"내가 꿈에 조상님을 뵈었구나. 조상님께서는 아마도 우릴 일깨우고 보살피시려는가 보다. 그러니 이 밥은 먼저 조상님께 올려야겠구나!"

공자는 안회를 뚫어지게 바라보았다. 안회는 마냥 평온한 얼굴로 이렇게 대답했다.

"선생님, 이 밥은 조상님께 올릴 수 없습니다."

"어째서?"

안회는 고개를 숙이고 대답했다.

"선생님께서는 손으로 퍼낸 밥은 깨끗하지 않기 때문에 조상의 제사를 모실 수 없다고 하셨습니다. 이 밥은 제가 손으로 퍼낸 것입니다. 조금 전에 밥을 하다가 재를 솥에 빠뜨리고 말았습니다. 선생님이 더러운 것을 드셔서는 안 되겠기에 재가 묻은 밥을 퍼내 버리려 했습니다만 너무 아까워 제가 먹었습니다. 그러니 이 밥은 조상님 제사에 올릴 수 없습니다."

안회의 해명에 공자는 마음이 가벼워졌다.

"그랬구나……."

안회가 나가자 잠시 말이 없던 공자는 자공과 제자들에게 이렇게 말했다.

"나는 안회를 믿는다. 오늘뿐만이 아니다. 너희들도 이제부터는 그를 믿을 수 있을 것이다."

자공은 부끄러움에 고개를 떨어뜨렸다. 공자가 돌아보니 제자들은 굶주린 기색이 역력했다. 한시라도 빨리 곤경에서 벗어날 대책을 찾아야만 하였다. 공자는 제자들에게 말했다.

"지금 우리는 막다른 골목에 이르렀다. 군자는 곤궁함을 두려워하지 않는다지만 무슨 대책을 세워 곤경에서 벗어나야겠다. 그래야만 우리의 주장도 널리 펼칠 수 있지 않겠느냐? 사람을 보내 도움을 청하는 것이 좋겠다."

고개를 들지 못하고 있던 자공이 실수를 만회하고자 용기 있게 앞으로 나섰다.

"제가 말재주가 좋으니 이 일을 처리하겠습니다."

자공은 초나라의 대부 섭공葉公을 찾아가 도움을 청했다. 섭공은 수레에 양식을 실어 보냈고, 공자 일행은 이레 만에야 곤경에서 벗어날 수 있었다.

32.
사해 안에 사는 사람이 모두 형제가 된다

사마우가 근심에 찬 표정으로 말했다.
"남들은 모두 형제가 있지만 유독 내게만은 없소."
자하가 말했다.
"내가 들으니 죽고 사는 것은 운명에 달린 것이고, 부유함과 귀함은 하늘에 달린 것이라고 했소. 군자는 진지하게 일을 처리하고, 남을 공손히 대하면 되는 것이오. 그러면 사해四海 안에 사는 사람이 모두 형제가 됩니다. 군자가 무엇 때문에 형제가 없는 것을 근심하겠소?"

司馬牛憂曰사마우우왈: "人皆有兄弟인개유형제, 我獨亡아독무."
子夏曰자하왈: "商聞之矣상문지의, 死生有命사생유명, 富貴在天부귀재천. 君子敬而無失군자경이무실, 與人恭而有禮여인공이유례. 四海之內사해지내, 皆兄弟也개형제야, 君子何患乎無兄弟也군자하환호무형제야?"

「안연顔淵」

해설

사마우司馬牛는 송宋나라 사마환퇴司馬桓魋의 아우다. 사마환퇴가 반란을 꾸미자 사마우는 말렸다. 아무리 말려도 사마환퇴는 듣지 않았다. 사마환퇴는 얼마 지나지 않아 세상을 떠나고 말았다. 그래서 사마우는 근심에 잠겨 이런 말을 한 것이다. 사마우는 정직하고 선량한 사람이지만 성격이 조급했기 때문에 자하는 그에게 인내심을 가지고 자기수양을 하여 마음을 너그럽게 하고 근심을 없애라고 충고한 것이다.

이 글에서 자하가 한 말은 후세의 문화 형성에 큰 영향을 끼쳤다. 특히 "사해四海 안에 사는 사람은 모두 형제가 된다."거나 "죽고 사는 것은 운명에 달린 것이고, 부유함과 귀함은 하늘에 달린 것이다."라는 말은 모르는 사람이 없을 정도다. 자하는 이 말에 두 가지 의미를 담았다. 첫째, 자신이 결정할 수 없는 일은 근심하지 말고 자연스럽게 내버려두는 것이 최상이라는 것이다. 둘째, 자신이 할 수 있는 일은 그것을 잘 처리하면 존경과 사랑을 받을 수 있으므로 열심히 노력하라는 것이다.

자하의 자연대로 따르는 너그러운 태도와 낙관적이고 진취적인 정신이 잘 어우러지면서 공자의 일관된 사상을 잘 보여준다. 공자는 "남들이 알아주지 않더라도 성내지 않는다면 군자가 아니겠는가?"라고 했다. 맹자도 "하늘을 우러러 부끄럽지 않고, 땅을 굽어 남에게 부끄럽지 않은 것"이 인생에 있어서 큰 즐거움 가운데 하나라고 하였다. 외부의 평가에 초연한, 자각적이고 자족적인 수양의 경지를 언급한 말이다.

예화

공자가 사마우의 근심을 일깨워주다

공자는 송宋나라에서 머무를 적에 괜한 말 때문에 실권자이던 사마환퇴司馬桓魋의 미움을 사서 송나라를 떠나게 되었다. 사마환퇴에게는 사마우라는 동생이 있었다. 형의 행동이 불만스러웠던 사마우는 공자를 좇아 예의를 공부했다.

하루는 사마우가 공자에게 어떻게 하면 인을 실천할 수 있는지 물었다. 그러자 공자는 이렇게 대답했다.

"어진 사람은 쉽게 말을 하지 않는다."

"쉽게 말을 하지 않으면 어질다고 할 수 있습니까?"

"실천하기는 어렵지만, 말하기는 쉽지 않은가?"

훗날 사마환퇴는 송나라에서 반란을 일으켰다. 이 소식이 전해지자 사마우는 몹시 두렵고 또 걱정스러웠다. 그는 공자에게 어떻게 해야 군자가 될 수 있는지를 물었다. 공자는 이렇게 대답했다.

"군자는 근심하지 않고 두려워하지 않는다."

사마우는 말뜻을 이해하지 못했다.

"근심하지 않고 두려워하지 않으면 군자라고 할 수 있는 것입니까?"

"군자는 늘 자신을 반성하기에 마음에 조금도 거리낌이 없다. 그러니 근심하고 두려워할 것이 무엇이 있겠는가?"

얼마 후 사마환퇴는 반란에 실패하고, 제齊나라로 달아났다. 사마우는 자신에게 이처럼 의롭지 못한 형이 있다는 사실에 무척 마음이 괴로웠다. 사마우가 자하를 찾아가자 자하가 물었다.

"무엇 때문에 그토록 깊은 근심에 잠겨 있소?"

사마우는 근심에 찬 말투로 대답했다.

"남들은 모두 형제가 있으니 얼마나 좋겠소? 하지만 내겐 형제가 없다오."

자하는 사마우를 위로했다.

"'사람이 죽고 사는 것은 운명에 달려 있고, 부귀는 하늘에 달려 있다'고 하였소. 성실하게 자기 일을 하고, 남과 진실하고 예의 바르게 사귄다면, 어디를 가더라도 형제가 있는 것과 다르지 않소. 그러니 형제가 없음을 근심할 필요가 무어 있겠소?"

자하의 말에 사마우는 비로소 이 문제로 더 이상 고민하지 않게 되었다. 그는 모든 학우들과 형제처럼 지내면서 더욱 수양과 학문에 힘을 쏟았다.

33.
백성들에게 믿음을 얻지 못한다면 나라는 존립할 수 없다

자공이 정치에 대해 묻자 공자가 말했다.
"양식을 넉넉하게 하고, 군비를 충분하게 하고, 백성들이 믿을 수 있게 만드는 것이다."
자공이 물었다.
"어쩔 수 없이 줄인다면 세 가지 가운데 무엇을 먼저 포기해야 합니까?"
공자가 말했다.
"군비를 포기해라."
자공이 물었다.
"어쩔 수 없이 또 하나를 줄인다면 두 가지 가운데 무엇을 먼저 포기해야 합니까?"

공자가 말했다.

"양식을 포기해라. 예로부터 사람은 결국 누구든지 죽게 마련이다. 하지만 백성들에게 믿음을 얻지 못한다면 나라는 존립할 수 없다."

子貢問政자공문정. 子曰자왈: "足食족식, 足兵족병, 民信之矣민신지의." 子貢曰자공왈: "必不得已而去필부득이이거, 於斯三者何先어사삼자하선?" 曰왈: "去兵거병." 子貢曰자공왈: "必不得已而去필부득이이거, 於斯二者何先어사이자하선?" 曰왈: "去食거식. 自古皆有死자고개유사, 民無信不立민무신불립."

「안연顔淵」

해설

공자는 학문은 결코 공리공담이 아니며, 현실과 잘 어우러져 나라를 다스리는 데에 쓰여야 한다고 여겼다. 공자는 나라를 다스림에 있어서 "성실하게 일해 백성들에게 믿음을 얻는 것"을 최우선으로 꼽았다. 무슨 일이든지 맡은 바를 성실하게 해내야 하는 것이다.

지도자는 아랫사람들이 자신을 믿고 따르게 만들려면 반드시 믿음이 있어야 한다. 자신이 한 말은 반드시 실천해야 한다. 훌륭한 장수가 부하들의 본보기가 되려면 "맡은 바를 충실하게 수행"해야 한다. 군령軍令을 엄격하게 적용하는 것은 곧 '믿음'을 심는 일이다. 그러면 부하들은 믿고 자발적으로 따르게 된다. 또한 공자는 경제적 측면에서의 절약을 강조했다. 그것은 "사람을 사랑하기" 위한 목적에서 나온 것이다. 시대의 흐름을 잘 헤아려 적절히 실행한다면 부하들은 물론 온 나라 백성들이 자연스럽게 따를 것이다.

예화

상앙이 말뚝을 옮기게 하여 백성들의 믿음을 얻다

전국칠웅戰國七雄 가운데 진秦나라는 정치, 경제, 문화 등에 있어서 모두 중원中原의 제후국에 뒤떨어져 있었다. 이웃한 위魏나라는 강한 군사력을 바탕으로 진나라의 하서河西 땅을 빼앗아 갔다.

기원전 361년, 진나라에서는 효공孝公이 새 임금으로 즉위했다. 효공은 진나라를 부강한 나라로 만들겠다고 결심했다. 그러기 위해서는 인재를 모으는 일이 급선무라고 생각했다. 이에 효공은 대내외에 이런 명령을 내렸다.

"진나라 사람이든 아니든 누구든지 진나라를 부강하게 만들 비결이 있다면 그에게 벼슬과 땅을 내릴 것이다."

효공의 이런 정책은 많은 인재들을 불러들였다. 위衛나라의 귀족 출신으로 중용되지 못하던 공손앙公孫鞅도 그런 인물 가운데 한 사람이었다. 공손앙은 훗날 상앙商鞅으로 불린 인물이다.

상앙은 진나라 효공을 만나 자신의 견해를 내놓았다.

"나라가 부강해지려면 농업을 중시하고 군사들의 사기를 높여야 합니다. 또 나라를 잘 다스리려면 상벌賞罰을 분명하게 시행해야 합니다. 상벌을 분명하게 시행하면, 조정이 위엄과 믿음을 갖게 되고, 나아가 모든 개혁을 쉽게 진행할 수 있습니다."

효공은 상앙의 주장에 적극 공감했지만 진나라의 귀족과 대신들의 반대가 만만치 않았다. 효공은 반대의 목소리가 너무 크고, 아직 즉위한 지 얼마 되지 않아 정치적 기반이 약했기에, 혹시 반란이 일어날까 염려해 국정 개혁에 대한 계획을 잠시 접어두었다.

2년이 지났다. 효공은 자신의 정치적 입지가 탄탄해지자 비로소 상앙을 좌서장의 자리에 앉혔다.

"지금부터 제도 개혁에 착수해 주시오."

상앙은 먼저 개혁안을 마련했다. 하지만 백성들이 이를 신뢰하지 않아 새로운 법령이 실효를 거두지 못하게 될까 매우 걱정스러웠다. 그는 먼저 사람을 시켜 도성의 남문에 세 자 길이의 말뚝을 세워놓고 이렇게 포고했다.

"이 말뚝을 북문으로 옮기는 자에게는 상금 10냥을 내린다."

남문에는 금세 사람들이 구름처럼 몰려들었다. 사람들은 제각기 갑론을박 의견이 분분했다. 누군가는 이렇게 말했다.

"흥! 이 따위 말뚝을 누가 옮기지 못하겠어! 그런데 상금 10냥을 준다고?"

또 다른 사람은 이렇게 말했다.

"아마도 좌서장이 농담을 하시는 게지."

사람들은 아무도 말뚝을 옮기려고 하지 않았다.

상앙은 백성들이 자신의 명령을 믿지 못한다는 사실을 알고 상금을 50냥으로 올렸다. 상금을 올리자 사람들은 더욱 상식에 맞지 않는 일이라면서 여전히 그것을 옮기려 하지 않았다.

이때 인파를 헤집고 한 사내가 앞으로 나섰다.

"내가 해보지!"

그는 말뚝을 번쩍 들더니 그대로 북문에다 옮겨 놓았다. 상앙은 즉시 사람을 시켜 반짝이는 금화 50냥을 내렸다. 이 소문은 삽시간에 전국으로 퍼져나갔고, 온 나라가 떠들썩해졌다. 사람들은 그제야 이렇게 말했다.

"좌서장의 명령이 사실이었군!"

상앙은 이제 자신의 명령이 효력을 갖게 되었다고 판단하고 새로운 법령을 공포했다. 새로운 법령은 상벌이 분명했다. 지위의 고하를 막론하고 전쟁에서의 공로를 상벌의 기준으로 삼도록 규정하고, 또 곡식과 직물을 많이 생산하는 사람에게는 요역을 면제하도록 규정했다. 하지만 상업에 종사하거나 게을러서 가난한 자에 대해서는 처자식까지 관청의 노비로 삼도록 규정했다.

상앙이 만든 새로운 법령이 시행되자 진나라는 농업 생산량이 늘어나고, 군사력도 점차 강해졌다. 오래지 않아 진나라는 위나라의 서부 지역을 공격해 하서에서 하동河東에 이르는 넓은 땅을 빼앗고, 또 위나라의 도성 안읍安邑마저 수중에 넣었다.

상앙의 일화는 "백성들에게 믿음을 얻지 못하면 나라는 존립할 수 없다."는 이치를 잘 보여준다.

34.
군자는 남이 아름다움을 이루게 한다

공자가 말했다.
"군자는 남이 아름다움을 이루게는 하지만 남이 악함을 이루게 하지는 않는다. 소인은 이와 거꾸로 한다."

子曰자왈: "君子成人之美군자성인지미, 不成人之惡불성인지악. 小人反是소인반시."

「안연顔淵」

해설

군자는 남이 좋은 일을 하면 그것이 이루어지게 도와주고, 나쁜 짓을 하면 그것이 이루어지지 않게 막는다. 정치나 수양에 있어서도 마찬가지다. 그러나 소인배들은 남이 나쁜 짓을 하도록 조장하기를 즐긴다. 이것이 공자의 생각이다.

'아름다움'에 대한 사람들의 생각이 다른 것처럼 남의 아름다움을 이루어줌에 있어서도 나름의 생각이 있다. 공자는 완벽한 자기 수양을 통해 넓고 고상한 도량을 갖추는 것을 중요하게 여겼다.

예화

적인걸이 인재를 천거하다

당唐나라의 여제女帝 무측천武則天은 반대파를 무자비하게 탄압했지만, 다른 한편으로는 인재의 발굴을 매우 중요하게 여겼다. 그녀는 항상 사람을 사방으로 보내 인재를 찾았다. 만약 인재를 발견하면 문벌이나 자격을 따지지 않고 파격적으로 발탁해 중책을 맡겼다. 이 때문에 무측천의 휘하에는 많은 인재가 있었는데, 그들 가운데서도 가장 널리 알려진 인물은 바로 재상을 지낸 적인걸狄仁杰이다.

적인걸은 예주豫州에서 행정장관인 자사刺史를 지내면서 공정한 일처리와 엄격한 법집행으로 백성들의 칭송을 받았다. 무측천은 적인걸의 명성을 듣자 그를 도성으로 불러들여 재상을 삼았다.

어느 날 무측천은 적인걸을 대전으로 불러 이렇게 말했다.

"그대는 예주에서 재임하던 시절에 훌륭한 평판을 얻었다고 들었소. 그런데 내 앞에서 그대의 단점을 말하는 사람들도 있소. 어떤 사람들이 그런 말을 한다고 생각하시오?"

"남들이 제게 단점이 있다고 하고, 또 분명히 제게 문제가 있는 것이라면, 고치는 것이 당연합니다. 하지만 누가 뒤에서 헐뜯는지에 대해서는 알고 싶지 않습니다."

무측천은 이 말에 적인걸이 도량이 넓은 인물임을 알게 되었으며, 그에 대한 믿음도 더욱 깊어졌다.

그런데 적인걸이 재상에 발탁된 것은 누사덕婁師德이라는 장군의 적극적 추천 때문이었지만 적인걸은 이런 내막을 전혀 알지 못했다. 적인걸은 누사덕을 그저 평범한 장군으로만 여겼을 뿐 그가 사람을 알아보는 안목이 있으리고는 미처 생각하지 못했다.

하루는 무측천이 적인걸에게 넌지시 물었다.

"누사덕 장군을 어떻게 생각하시오?"

"그는 변방을 잘 지켜 장군으로서의 소임을 다하는 인물입니다. 재능은 알지 못합니다."

"그렇다면 누사덕은 인재를 보는 눈이 있는 것 같소?"

"그와 함께 일을 한 적이 있습니다만 그가 인재를 발굴했다는 말은 들어보지 못했습니다."

무측천은 빙그레 웃었다.

"내가 그대를 찾아낼 수 있었던 것은 누 장군의 추천덕분이었소."

적인걸은 자못 감동했다. 적인걸은 비로소 누사덕이 후덕한 인물이며, 자신은 그만 못하다는 생각이 들었다. 이로부터 적인걸도 인재 발굴에 발 벗고 나서서 많은 인재를 무측천에게 추천했다.

하루는 무측천이 적인걸에게 물었다.

"인재를 한 사람 쓰고 싶은데 누가 좋겠소?"

"폐하께서는 어떤 사람을 원하십니까?"

"재상의 자리를 맡길 사람이오."

적인걸은 형주荊州에 사는 장간지張柬之라는 인물을 알고 있었다. 장간지는 나이는 좀 들었지만 일처리가 능숙해 재상감으로 손색이 없었다. 적인걸은 주저 없이 장간지를 무측천에게 추천했다. 무측천은 적인걸의 추천을 받아들여 장간지를 낙주洛州의 사마司馬에 임명했다.

며칠 후 적인걸은 입조해 무측천에게 장간지의 등용 문제를 거론했다.

"제가 추천한 장간지를 폐하께서는 아직 등용하지 않으셨습니다."

"벌써 임용하지 않았소?"

"저는 재상감을 추천했지 사마 노릇을 시킬 사람을 추천한 것은 아닙니다."

무측천은 그제야 장간지를 시랑侍郞으로 옮겨 앉혔다가 다시 재상에 발탁했다.

적인걸은 많은 인재를 추천했고, 그들은 모두 당나라 왕실에서 고관을 지냈다. 그에게 추천을 받아 입신한 인물들은 하나같이 적인걸을 존경했다. 그들 가운데 누군가는 적인걸에게 이렇게 말했다.

"천하의 인재가 모두 공의 문하에서 배출되었습니다."

적인걸은 이 말에 겸손하게 대답했다.

"인재를 추천하는 것은 나라를 위한 것이지 개인적 이익을 위한 것이 아니라오."

적인걸은 93세의 나이로 세상을 떠났다. 무측천은 적인걸을 매우 존중해 '국로國老'라고 불렀다. 적인걸은 여러 차례 은퇴를 간청했지만, 무측천은 이를 허락하지 않았다. 훗날 적인걸이 세상을 떠나자 무측천은 이렇게 탄식했다.

"어째서 하늘은 우리 국로를 이토록 일찍 빼앗아 가신단 말인가!"

35.
군자의 덕은 바람과 같고 소인의 덕은 풀과 같다

계강자季康子가 공자에게 정치에 대해 물었다.

"만약 무도한 사람을 죽여서 도가 있는 쪽으로 이끈다면 어떻겠습니까?"

공자가 대답했다.

"그대는 정치를 함에 있어서 어떻게 죽임의 방법을 쓰시오? 당신이 나라를 잘 다스리고 싶어하면, 백성들은 착해질 것이오. 군자의 덕은 바람과 같고 소인의 덕은 풀과 같소. 바람이 풀 위에 불면 풀은 바람을 따라 드러눕게 마련이오."

季康子問政於孔子曰계강자문정어공자왈: "如殺無道여살무도, 以就有道이취유도, 何如하여?" 孔子對曰공자대왈: "子爲政자위정, 焉用殺언용살? 子欲善而民善矣자욕선이민선의. 君子之德風군자지덕풍, 小人之德草소인지덕초. 草上之風초상지풍, 必偃필언."
「안연顔淵」

해설

계강자季康子는 죽임으로 죽임을 그치게 하는 방법으로, 악한 자들을 제거하려 했지만 공자는 정치란 결코 사람을 죽이는 방법으로는 성공할 수 없다고 여겼다. 정치를 하면서 사람을 도덕으로 감화시키지 않고 오히려 죽이는 방법으로 위협한다는 것은 결코 행해서는 아니 되는 일이다. 스스로 도덕적 행위를 보여줌으로써 백성들을 감화시켜야 한다. 착한 마음을 지니고서 실천에 옮긴다면 아랫사람들도 자연스럽게 이를 본받아 선량한 기풍을 갖게 될 것이다.

훌륭한 정치가는 형세를 잘 이끌고, 또 사회적 분위기를 잘 조성해야 한다. 지도자가 사회적 분위기를 잘 이끌어나가면 아랫사람들의 기풍은 저절로 좋아지게 된다. 하지만 정치를 함에 있어서 시대와 사회의 분위기를 이끈다는 것은 결코 쉽지 않은 일이다.

예화

양언광이 상주의 풍속을 바꾸다

동한東漢 이래로 유가儒家 사상은 차츰 체계화되고 법제화됨으로써 사람들의 마음속에 깊이 자리 잡았다. 남북조南北朝시대에는 사회적 혼란을 거치며 많은 민족들이 서로 뒤섞였고, 또 다양한 사상이 사람들에게 영향을 미쳤지만, 유가 사상은 여전히 주도적 지위를 지켰다.

수隋나라가 개국하고 문제文帝가 유학을 제창하자 유학을 존중하고 예법을 중시하는 많은 관리들이 나오게 되었다. 그들은 유학의 사상을 몸소 실천함으로써 사회의 분위기를 바꿔놓았는데, 상주相州에서 자사刺史를 지낸 양언광梁彦光은 전형적인 인물이다.

양언광은 본래 북주北周에서 벼슬을 하면서 화양군공華陽郡公이라는 작위를 받았던 인물이다. 수나라가 개국하자 그는 기주岐州에서 자사를 지내며 훌륭한 업적을 남겼다. 그 후 상주자사로 자리를 옮겼는데, 그가 부임했을 당시에 상주 지방 사람들은 서로 불신하고 비방을 일삼았다. 누가 어떻고, 어느 관리는 어떻고 하는 식으로 말도 많고 탈도 많았다.

이런 분위기를 접한 양언광은 먼저 풍속을 바로잡겠다고 마음먹었다. 그는 자신의 급료를 털어 산동山東 지방에서 명성을 떨치던 유학자 한 사람을 초빙하고, 마을마다 학교를 세워 학생들에게 유가 성현들의 글만을 가르치게 하였다. 또 매 계절의 마지막 달에는 학생들을 모아 직접 공부한 내용을 평가하고, 평가가 끝나면 술자리를 열어 학생들을 격려했다. 그런데 이때 성적이 우수한 학생들과 그렇지 못한 학생들을 구분해 앉혔다. 특히 평소 남과 다투기를 좋아하거나, 게으르고 산만하거나, 학업 성적이 낮은 학생들은 마당에 앉히고 형편없는 음식을 주었다. 또 학생이 학업을 마치면 빈객賓客의 예법에 따라 노자를 주어 떠나보냈다. 그러자 상주 사람들은 열심히 예법을 익혔고, 풍속도 차츰 개선되었다.

당시 부양滏陽 출신의 초통焦通이라는 학생이 있었다. 초통은 늘 술에 취해 지냈다. 그런 그가 부모에게 불효한 짓을 저지르자 사촌형제들이 그를 관청에 고발했다. 하지만 양언광은 아무 벌도 내리지 않고 그를 공자의 사당으로 보냈다. 그에게 실질적인 교훈을 얻게 하려는 것이었다.

공자의 사당에는 충효를 행하는 옛 사람들의 모습을 담은 많은 그림이 있었다. 초통은 어머니에게 매질을 당하는 아들이 매질이 아프지 않자 연로한 어머니가 기력이 떨어져 그런 것이라며 슬퍼한다는 내용을 담은 그림을 보고는 가슴이 뭉클해졌다. 초통은 지난날의 잘못된 행위가 주마등처럼 떠올랐다. 슬프고 부끄러웠다. 어디로든지 숨어버리고 싶은 심정이었다.

  이에 비로소 양언광은 초통을 훈계했고, 초통은 큰 감동을 받았다. 양언광은 초통을 집으로 돌려보냈다. 잘못을 뉘우친 초통은 그 후로 부모를 공경하고 예절을 지키는 훌륭한 사람이 되었다.

36.
'인'은 남을 사랑하는 것이다

번지가 '인'이 무엇인지 물었다. 공자가 말했다.
"남을 사랑하는 것이다."
또 '지혜'가 무엇인지 물었다. 공자가 말했다.
"남을 잘 판단하는 것이다."
번지가 무슨 말인지 알아듣지 못했다. 공자가 말했다.
"곧은 사람으로 사악한 사람을 일깨우면 사악한 사람을 곧게 만들 수 있다."

樊遲問仁번지문인. 子曰자왈: "愛人애인." 問知문지. 子曰자왈: "知人지인." 樊遲未達번지미달. 子曰자왈: "擧直錯諸枉거직조저왕, 能使枉者直능사왕자직."

「안연顔淵」

해설

공자의 말을 이해하지 못한 번지樊遲가 물러나와 자하子夏에게 다시 묻자 자하는 이렇게 대답했다.

"선생님의 말씀은 많은 의미를 담고 있다. 순舜이 임금 자리에 올라 고요皐陶를 발탁하자 어질지 못한 사람들이 점차 사라졌고, 탕湯이 임금 자리에 올라 이윤伊尹을 발탁하자 역시 어질지 못한 사람들이 점차 사라졌다."

자하의 말에서 공자의 생각을 알 수 있다. 어떤 경우에든 자질과 재능이 올곧은 사람을 등용해야 한다는 것이다. 그러면 사회 분위기는 좋아지게 마련이다.

예화

애공이 전요를 놓치고 탄식을 내뱉다

전요田饒는 노魯나라 애공哀公을 모신 지 여러 해가 되었지만 애공은 전요가 큰 뜻을 품고 있다는 사실을 모르고 늘 그를 평범한 인물로 대할 따름이었다. 자신의 재능을 펼칠 수 없었던 전요는 마침내 애공의 곁을 떠나 다른 나라를 찾아갈 마음을 먹게 되었다.

"대왕의 곁을 떠나 기러기처럼 높이 날아보고 싶습니다."

애공은 전요의 말이 무슨 의미인지 알 수 없었다.

"그동안 잘 지내지 않았소? 무엇 때문에 갑자기 떠나겠다는 것이오?"

"대왕께서는 수탉을 보셨지요? 수탉은 우아한 벼슬과 날카로운 갈기를 갖고 있습니다. 상대를 만나면 조금도 두려워하지 않고 용감하게 맞서 싸우고, 먹이를 보면 동료들을 불러 나눠 먹습니다. 또 직분에도 충실하지요. 매일 새벽이면 한 치도 어김없이 시각을 알려줍니다. 수탉은 이처럼 많은 장점을 지니고 있지만 대왕께서는 아무 거리낌 없이 삽아드십니다. 어째서이겠습니까? 수탉은 주위에서 흔히 보는 것이라서 무덤덤해져 수탉이 지닌 장점과 재능을 생각하지 못하기 때문입니다. 반면 천리 먼 길을 날아온 기러기는 어떻습니까? 대왕의 연못에 내려앉아 물고기를 잡아먹고, 대왕의 논밭에 내려앉아 곡식을 축냅니다. 기러기는 수탉과 같은 장점이 없음에도 대왕께서는 기러기를 소중히 여기십니다. 이는 또 어째서이겠습니까? 멀리서 날아온 기러기에게 신기한 느낌을 갖기 때문입니다. 그러니 제가 기러기처럼 멀리 날 수 있게 해 주십시오."

"가지 마시오. 내가 그 말을 명심하겠소."

"대왕께서는 저를 평범하게 여기시는데 남아 있은들 무슨 소용이 있겠습니까? 제가 드린 말씀을 기록해 둔대도 소용없을 겁니다."

전요는 마침내 노나라를 떠나 연燕나라로 갔다. 연나라 임금은 전요를 발탁해 상국相國으로 삼았다. 전요는 마침내 국가 경영에 대한 자신의 수완을 발휘할 기회를 얻게 되었고, 3년 만에 연나라를 풍요하고 도적이 없는 나라로 만들었다. 전요의 명성은 세상 널리 퍼져나갔고, 연나라 임금은 무척 흡족해 했다.

한편, 이를 안 노나라 애공은 전요를 붙잡지 못한 것을 두고두고 한탄했다. 애공은 석 달 동안이나 홀로 근신하면서 깊이 반성했다. 그는 자신의 의복과 음식을 소박하게 하고 자신을 꾸짖었다.

"내가 사람을 볼 줄 몰라 전요를 떠나게 만들었구나. 그가 내게로 돌아오기를 바라지만 그게 가능할까?"

37.
서두르면 목표에 이르지 못하고 작은 이익을 탐내면 큰일을 이루지 못한다

자하가 노나라 거보莒父의 행정장관이 되어 정치에 대해 여쭈었다. 공자가 말했다.

"서두르지 말고, 작은 이익을 탐내지 말라. 서두르면 목표에 이르지 못하고, 작은 이익을 탐내면 큰일을 이루지 못한다."

子夏爲莒父宰자하위거보재, 問政문정. 子曰자왈: "毋欲速무욕속, 毋見小利무견소리. 欲速욕속, 則不達즉부달, 見小利견소리, 則大事不成즉대사불성."

「자로 子路」

> 풀이

莒父거보 노魯나라의 지명. 지금의 산동성에 있었음.

해설

이는 공자가 제자에게 정치의 원칙을 일깨워준 말이다.

송宋나라 유학자 주희朱熹는 "사소한 것을 보고 이익으로 여기면 얻는 것은 적고 잃는 것은 많다."고 했다. 지도자는 원대한 안목을 지녀야 한다. 업적을 내는 것에 급급하거나 이익을 가까이해서는 아니 된다. 큰 정치적 업적을 이룩하려고 서둘러서는 아니 되며, 작은 이익에 매달려서도 아니 된다. 판세를 전체적으로 살피고 멀리 내다보아야 한다. 이는 개인적인 일에 있어서도 마찬가지다.

예화

도주공의 맏아들이 아우를 죽음으로 몰아넣다

춘추시대의 인물인 범려范蠡는 중국의 상인들에게 시조로 받들어지는 인물로, 흔히 '도주공陶朱公'으로 불린다. 범려는 본래 월越나라 임금 구천勾踐을 보좌해 오吳나라를 격파한 인물로 훗날 스스로 자리에서 물러나 도陶라는 지방으로 이주했고, 그곳에서 장삿길에 나서 금세 많은 재물을 모았다.

도주공이 도 땅에서 살던 무렵에 막내아들이 태어났다. 그 막내가 장성했을 무렵에 둘째 아들이 초楚나라에서 사람을 죽이고 붙잡혀 처형을 기다리는 신세가 되었다. 소식을 접한 도주공은 가족들에게 이렇게 말했다.

"사람을 죽였으니 벌을 받아야지. 하지만 천금이 있으면 시장바닥에서 목이 잘리는 형벌만은 면할 수 있다더구나."

도주공은 막내아들에게 천금을 건네며 이 일을 처리하게 하였다. 그런데 맏아들이 나서더니 자신이 초나라에 가서 기필코 아우를 구하겠다며 고집을 부렸다.

"저는 명색이 맏이입니다. 아우가 곤경에 빠졌는데 아버지께서 막내를 보내신다면, 이는 제가 불효하고 미덥지 못하다는 말씀이 아니십니까?"

맏아들은 자신을 보내지 않으면 스스로 목숨을 끊어버리겠다며 고집을 부렸다. 초나라에 잡혀 있는 자식을 구하기도 전에 자칫 다른 자식이 죽을 판이었다. 도주공의 아내는 도주공을 설득했고, 도주공은 마지못해 맏아들에게 다녀오게 허락했다. 도주공은 맏아들에게 편지 한 통과 돈을 건네주며 오랜 친구인 장생莊生에게 전하라고 했다.

"초나라에 도착하거든 우선 이 편지와 돈을 장생에게 전해라. 그리고 모든 일은 그가 시키는 대로 따라라. 그가 어떻게 하든 일체 간여하지 말고!"

긴 여정 끝에 초나라에 도착한 맏아들은 먼저 장생을 찾아갔다. 장생은 마당에 잡초가 우거진 좁고 낡은 집에서 많은 식구들과 함께 살고 있었다. 한눈에도 장생은 도무지 힘을 쓸 것 같은 관리로 보이지 않았다. 비록 아버지의 분부대로 장생에게 편지와 돈은 전달했지만, 그가 아우를 구해 낼 것 같지는 않았다. 장생은 맏아들에게 이렇게 말했다.

"너는 서둘러 여기를 떠나라. 절대로 여기 머물러서는 아니 된다. 그리고 아우가 풀려나더라도 그가 어떻게 풀려났는지 알려고 하지 말라."

하지만 맏아들은 장생의 당부를 어기고 초나라의 한 귀인貴人 집에 몰래 숨어 있었다.

장생은 가난하지만 정직하고 청렴한 인물로, 초나라의 임금과 대신들은 그를 스승처럼 여기고 존경했다. 때문에 장생의 말 한마디는 임금에게도 상당한 위엄이 있었다. 장생은 도주공의 아들에게서 받은 사례금을 일이 해결되면 다시 돌려줄 심산이었다. 다만 일처리에 최선을 다하겠다는 믿음의 징표로 잠시 받아두었을 뿐이었다. 하지만 도주공의 맏아들이 장생의 이런 마음을 알 턱이 없었다.

장생은 적절한 기회를 보아 임금을 찾아가 이렇게 간언했다.

"별자리가 불길합니다. 나라 안에 널리 은혜를 베풀어 재앙을 미리 막아야 합니다."

장생의 말이라면 언제나 믿어 의심치 않던 임금은 즉시 대사면을 계획했다. 귀인은 이 소식을 도주공의 맏아들에게 알렸다. 맏아들이 곰곰이 생각해 보니 사면령이 내리게 되면 아우는 저절로 풀려날 것이고, 그러면 장생에게 천금을 거저 준 셈이 되는 것이었다. 맏아들은 장생을 다시 찾아갔다. 맏아들이 다시 찾아오자 장생은 깜짝 놀랐다.

"어째서 아직도 여기 있느냐?"

"아우가 곧 사면될 것이기에 작별인사를 드리려고 찾아왔습니다."

장생은 이내 맏아들이 찾아온 의도를 알아차렸다. 그는 앞서 받은 천금과 도주공에게 보내는 편지 한 통을 써서 맏아들에게 주면서 이렇게 말했다.

"네 아우가 곧 사면될 것이라니 내가 손을 쓸 필요는 없겠구나. 그럼 나는 이 일에서 손을 떼겠다."

맏아들은 편지와 돈을 받아들고 기쁜 마음으로 돌아왔다. 돈도 아끼고 일도 해결된다는 생각에 기쁨을 억누를 수 없었다.

한편, 장생은 도주공의 아들에게 농락을 당했다는 생각에 무척 불쾌했다. 그는 다시 임금을 찾아갔다.

"대왕께서 사면령을 내리시는 것은 덕행을 닦고 흉포함을 없애려는 것입니다. 그런데 백성들 사이에 엉뚱한 소문이 나돌고 있습니다. 도주공이라는 부자의 아들이 살인죄로 잡혀 있는데, 도주공이 뇌물을 써서 임금께서 사면령을 내리신다는 것입니다. 백성들은 이번 사면령이 초나라 백성을 위한 것이 아니라 도주공의 아들을 위한 것이라고 생각합니다. 이는 대왕의 명성을 해칠 것입니다."

화가 치민 임금은 먼저 도주공의 아들을 처형하게 한 다음에 비로소 사면령을 내렸다. 결국 맏아들은 아우의 유골을 안고 집으로 돌아가게 되었다.

맏아들이 집에 도착하자 도주공 부부는 슬픔에 빠져 있었다. 게다가 집에는 빈소까지 마련되어 있는 것이 아닌가! 놀란 맏아들이 아버지에게 물었다.

"어떻게 벌써 아셨습니까?"

"나는 네가 아우를 죽게 만들 줄 알았다. 네가 아우를 아끼지 않아서가 아니라 네가 어려서 나와 고생을 함께했기 때문에 재물을 소중하게 여기기 때문이다. 장생은 나의 오랜 친구다. 그는 절대로 사례 따위를 바랄 사람이 아니다. 내가 보낸 돈은 믿음의 징표였기 때문에 그도 거두었던 것이다. 하지만 네 막내 동생은 애초부터 풍족한 환경에서 자랐기 때문에 돈이 얼마나 벌기 어려운 것인지 모른다. 내가 그를 보내려 한 것은 그는 천금을 남에게 주더라도 전혀 아까워하지 않을 수 있기 때문이었다. 하지만 너는 그리 못한다. 그래서 나는 애당초 네가 아우의 유골을 안고 돌아오리라는 것을 알고 있었다."

38.
도덕에 걸맞은 말을 한다고 반드시 덕이 있는 것은 아니다

공자가 말했다.

"덕이 있는 사람은 반드시 도덕에 걸맞은 말을 하지만, 도덕에 걸맞은 말을 하는 사람이라고 하여 반드시 덕이 있는 것은 아니다. 어진 사람은 용기가 있지만, 용기가 있다고 반드시 어진 사람은 아니다."

子曰자왈: "有德者必有言유덕자필유언, 有言者不必有德유언자불필유덕. 仁者必有勇인자필유용, 勇者不必有仁용자불필유인."
「헌문憲問」

해설

이는 공자가 사람의 재주와 덕성을 구분한 말이다. 진정한 도덕을 갖추고 수양을 한 사람은 반드시 훌륭한 글이나 훌륭한 말을 후세에 남긴다. 예컨대 요임금이나 순임금 같은 인물은 모두 덕성을 지닌 인물로 훌륭한 말을 남겼다. 그러나 어떤 사람들은 훌륭한 글을 남기고 수양과 도덕에 대해 그럴듯하게 말하지만, 반드시 훌륭한 도덕과 수양을 갖춘 것은 아니다. 어진 사람은 반드시 큰 용기를 지니고 있다. 그 용기는 다툼을 위한 용기가 아니다. 자신의 신념과 인仁의 정신을 굳게 지키는 용기다. 그러나 용기 있는 사람이라고 하여 반드시 어진 것은 아니다. 어쩌면 일개 무부武夫에 지나지 않을지도 모른다.

예화

자하가 공손연과 용맹을 논하다

공자의 제자들 가운데 자하子夏는 용맹함에 있어서 자로子路와 어깨를 나란히 했다. 그런 자하가 위衛나라에 머물던 시절에 벌어진 일이다.

하루는 자로가 길을 걸어가고 있는데 갑자기 수레 한 대가 달려왔다. 수레를 모는 사람은 궁중의 사자使者였다. 자하는 큰 소리로 물었다.

"무엇 때문에 이리 급하게 달려가시오?"

사자는 땀을 줄줄 흘리며 대답했다.

"대왕께서 낮잠을 주무시다 갑자기 공손연公孫悁을 찾아오라고 하셨소."

공손연은 용맹하기로 소문난 무인武人이었다. 자하는 자못 호기심이 발동했다.

"진짜 공손연 말고 공손연처럼 용맹한 사람이라도 괜찮소?"

사자는 자하를 자세히 살펴보았다. 훤칠한 키에 영무英武한 기운이 온몸에서 풍겨나는 비범한 모습이었다. 자하는 결코 공손연 못지않아 보였다.

"그렇소."

이 말에 자하는 냉큼 수레에 올라탔다.

"나를 데리고 궁궐로 돌아가시오."

사자는 자하를 데리고 영공靈公에게로 갔다. 영공은 공손연을 데려오지 않았다는 사실에 발끈 화를 냈다.

"네게 용맹한 공손연을 불러오라 했거늘 어째서 유생儒生을 데리고 왔느냐?"

"공손연을 찾으러 가던 중에 우연히 이 자를 만났습니다. 자신이 공손연처럼 용맹하다기에 데리고 온 것입니다."

"그래? 그럼 이리로 앉으시게! 그리고 너는 냉큼 다시 가서 공손연을 불러오너라."

얼마 후 공손연이 궁중에 도착했다. 하지만 모습은 보이지 않고 고함소리만 들렸다.

"자하는 냉큼 나와 내 앞에 무릎을 꿇어라. 머리통을 박살내 주마!"

자하는 소리가 나는 쪽을 바라보았다. 공손연이 문간에서 검을 뽑아들고 살기등등하게 서 있었다. 자하는 미동도 없이 앉은 채로 말했다.

"칼을 거두시오. 당신과 함께 용맹함에 대해 논할 것이오."

영공이 말했다.

"공손연, 칼을 거두고 들어오라. 두 사람의 생각을 들어볼 것이다."

자하가 말했다.

"우리가 함께 대왕을 모시고 진晉나라의 조간자趙簡子를 만났는데, 그가 머리를 풀어 헤치고 긴 창을 꼬나들고 나왔다고 합시다. 나는 그에게 '제후를 뵙는 데 조복朝服을 입지 않는 것은 예의에 어긋납니다. 조복으로 갈아입지 않는다면 내 목을 찔러 그 흐르는 피를 당신께 뿌리겠소!' 라고 할 것이오. 그러면 그는 얼른 조복으로 갈아입고 우리 대왕을 뵐 것이오. 이런 일에 있어서 당신이 더 용기가 있겠소? 내가 더 용기가 있겠소?"

공손연은 부끄러운 마음이 들었다.

"당신이 낫소."

자하가 또 말했다.

"우리가 함께 대왕을 모시고 제나라 군주를 만났는데, 제나라 군주가 자신은 방석을 두 개나 깔고 우리 대왕에게는 하나만 주었다고 합시다. 나는 제나라 임금에게 '제후가 서로 만날 적에 높은 자리에서 내려다보는 것은 예의에 맞지 않습니다.'라고 말하고, 제나라 임금의 방석 하나를 꺼내 우리 대왕과 나란히 마주 앉게 할 것입니다. 당신이라면 이런 상황에서 어떻게 하겠소?"

공손연은 아무 대꾸도 하지 못했다.

"당신만큼 용감하지 못하오."

순간 자하는 눈빛이 번뜩이며 덧붙였다.

"우리가 함께 대왕을 수행하여 사나운 들짐승이 출몰하는 들판을 지나는 데 갑자기 멧돼지 두 마리가 대왕에게 달려들었다고 합시다. 나는 얼른 긴 창으로 멧돼지를 찔러 죽이고 그 결과를 대왕에게 보고할 것이오. 당신이라면 어떻게 하겠소?"

공손연은 진땀을 흘렸다. 그는 고개를 떨어뜨리고 자하를 똑바로 쳐다보지도 못했다. 한참이 지나서야 겨우 이렇게 말했다.

"나는 당신만큼 용감하지 못하오."

공손연은 어쩔 바를 몰랐다. 몹시 두려웠다. 공손연은 주먹질로 약자를 능멸하는 촌뜨기에 불과했던 것이다.

　자하가 말했다.

　"고상한 군자는 위로는 많은 군사를 거느린 대국의 군주를 두려워하지 않고, 아래로는 백성들을 속이거나 능멸하지 않는 법이오. 겉으로는 절개와 인격을 지켜서 남이 함부로 범접하지 못하게 하고, 안으로는 위협과 박해를 막아 임금이 해를 당하지 않게 하오. 이것이 군자가 가진 장점이자 소중한 자질이오. 자신의 장점으로 단점을 숨기고, 많은 것으로 적은 것을 속이고, 무고한 백성들을 함부로 능멸하는 자는 군자와 백성들이 가장 미워하는 대상이오. 『시경詩經』에는 '사람이 인의가 없으면, 살아 있은들 무얼 하겠나?'라고 했소. 그런 사람이 어떻게 임금 앞에서 무용武勇을 논할 수 있겠소?"

　공손연은 이제 낯빛이 누렇게 변했다. 부끄러움에 어쩔 바를 알지 못했다. 영공은 시종일관 대화를 묵묵히 들으며 두 사람의 안색을 살폈다. 자하는 늠름하고 용기 있고 지혜로운 반면 공손연은 거칠고 무지하고 인의를 모르는 모습이 저절로 드러났다. 영공은 자하에게 말했다.

　"과인이 비록 부족하지만 선생이 말한 용무의 정신을 택하겠소. 『시경』에는 '약소한 자를 능멸하지 않고, 강포한 자를 두려워하지 않는다.'고 했소. 바로 선생 같은 사람을 말한 것이 아니겠소?"

39.
이익을 보면 정의를 생각하고 위험을 보면 목숨도 내던질 수 있어야 한다

자로가 어떤 사람이 완전한 사람인지 물었다. 공자가 말했다.

"장무중臧武仲의 지혜, 공손작公孫綽의 욕심 없음, 변장자卞莊子의 용맹함, 염구冉求의 다재다능함에 예악禮樂으로 다듬는다면 완전한 사람이라고 할 것이다."

또 이렇게 말했다.

"요즈음에야 완전한 사람이 되려는 사람이 반드시 그렇게 해야만 하겠는가? 이익을 보면 정의를 생각할 수 있고, 위험을 보면 목숨도 내던질 수 있으며, 오래도록 궁핍하게 살더라도 평소에 약속한 말을 잊지 않는다면 역시 완전한 사람이라고 할 것이다."

子路問成人자로문성인. 子曰자왈: "若臧武仲之知약장무중지지, 公綽之不欲공작지불욕, 卞莊子之勇변장자지용, 冉求之藝염구지예, 文之以禮樂문지이예악, 亦可以爲成人矣역가이위성인의." 曰왈: "今之成人者何必然금지성인자하필연? 見利思義견리사의, 見危授命견위수명, 久要不忘平生之言구요불망평생지언, 亦可以爲成人矣역가이위성인의."

「헌문憲問」

해설

장무중臧武仲은 노魯나라 대부 출신으로 제齊나라로 달아났을 적에 제나라 장공莊公이 오래가지 못할 것임을 예견하고 장공이 주는 땅을 받지 않았다. 훗날 장공은 장무중의 예상대로 피살되었고, 장무중은 이에 연루되지 않음으로써, 사람들에게 지혜로운 사람으로 칭송받았다. 공손작公孫綽은 욕심 없는 깨끗한 마음을 지닌 사람이었고, 변장자卞莊子는 노나라 변읍卞邑의 대부로, 맨손으로 호랑이를 때려잡았다는 용사였으며, 공자의 제자인 염구冉求는 재주가 많기로 이름을 떨쳤다.

공자는 완전한 사람이 되려면 이 네 사람이 지닌 장점을 두루 갖춰야 한다고 했다. 큰 지혜, 높은 도덕, 용감하고 과단함, 깊이 있는 예악의 수양이 그것이다. 하지만 이와 같은 조건을 모두 갖춘다는 것은 너무 어려운 일이기에 공자는 다른 몇 가지 기준을 내놓았다. 첫째, "이익을 보면 정의를 생각할 수 있어야 한다." 자신에게 득이 되는 일이 생기면, 그것이 도리에 맞는 것인지 먼저 살펴야 한다는 것이다. 둘째, "위험을 보면 목숨도 내던질 수 있어야 한다." 위험한 순간에는 임무를 완수하기 위해 자신을 희생할 수 있어야 한다는 것이다. 셋째, 시간이 얼마나 걸리든 자신이 한 말을 실행하는 언행일치가 필요하다는 것이다. 공자는 완전한 사람이 되기 위해서 너무 어려운 조건을 요구할 것은 없으며 이런 조건을 갖춘다면 가능하다고 여겼다.

"이익을 보면 정의를 생각할 수 있고, 위험을 보면 목숨도 내던질 수 있는"가는 사람을 판단하는 중요한 기준이 된다.

예화

사가법이 정의를 위해 목숨을 내던지다

명明나라 숭정崇禎 황제가 매산煤山에서 스스로 목숨을 끊자 조정 대신들은 부도副都인 남경南京에서 정권을 세우고 남쪽으로 달아난 황족 주유숭朱由崧을 황제로 추대했다. 역사에서는 이를 '남명南明'이라고 부르고, 주유숭은 홍광제弘光帝라고 부른다.

홍광제는 주색놀음에 찌들어 지낸 인물로, 마사영馬士英과 위충현魏忠賢 같은 무리가 그를 이용해 남명의 정권을 마음대로 주물렀다. 홍광제와 마사영은 애초부터 청나라에 맞설 생각이 없었으며, 그저 황음무도한 생활을 즐길 뿐이었다.

남명의 병부상서이던 사가법史可法은 본래 주유숭을 황제로 추대하는 것에 반대했지만 내부의 갈등을 피하기 위해 부득이 묵인할 수밖에 없었다. 홍광제가 황제의 자리에 오르자 사가법은 자원해 일선으로 나가 군대를 지휘했다.

당시 양자강 이북에서는 명나라 관군이 네 갈래로 나뉘어 포진하고 있었는데, '사진四鎭'이라고 불렀다. 사진의 지휘관들은 모두 권력을 제멋대로 휘둘렀다. 그들은 자기 관할구역을 놓고 서로 다투었고, 자기 휘하의 병사들이 백성을 함부로 죽이는 것을 못 본 체했다.

사가법은 남쪽의 군사들 사이에서 신망이 높았다. 사가법이 군사업무를 감독하는 독사督師의 직책으로 양주揚州에 부임하자 그곳 장령들은 사가법의 통제에 따르게 되었다. 사가법은 장령들을 직접 찾아다니며 백성들을 함부로 해치지 못하게 하고, 아울러 군사 일부를 양주 외곽으로 물러나 주둔시키고, 자신은 양주에 남아 지휘했다. 사가법은 솔선수범하면서 병사들과 동고동락했기에 병사들의 사랑과 존경을 한 몸에 받았다.

그해 음력 설날 사가법은 병사들을 쉬게 하고 홀로 집무실에 남아 공무를 처리했다. 한밤중이 되자 피로가 몰려왔다. 사가법은 당번병을 불러 야식을 가져오게 하였다. 그러자 당번병은 이렇게 대답했다.

"독사님의 지시대로 주방에 있던 고기를 모두 병사들에게 나눠주었습니다. 남은 안주거리가 전혀 없습니다."

"그럼 소금과 간장을 가져오너라."

당번병이 술을 가져오자 사가법은 탁자에 앉아 술을 마셨다. 사가법은 본래 주량이 엄청났지만 양주독사로 부임한 이후로는 술을 철저히 삼가고 있었다. 하지만 이 날만큼은 피로를 풀고 기분 전환을 할 요량으로 평소와 달리 술을 마셨다. 술잔을 들자 이내 풍전등화와도 같은 나라의 운명과 부패한 조정의 모습이 떠올라 자신도 모르게 눈물이 흘렀다. 연거푸 여러 잔을 들이킨 사가법은 취기가 올라 이내 탁자에 엎드려 잠들고 말았다.

이튿날 아침 양주의 관원들은 조회를 위해 사가법의 집무실로 모여들었다. 그런데 이상하게도 평소와는 달리 출입문이 잠겨 있었다. 평소 사가법은 일찍 일어났다. 당번병이 쫓아 나오더니 이렇게 일러주었다.

"독사께서는 간밤에 약주를 드셔서 아직 주무십니다."

양주지부 임민육任民育이 말했다.

"독사께서는 평소 업무가 과중하십니다. 아직 주무시고 계신 것은 보기 드문 일입니다. 더 쉽게 내버려두십시다."

임민육은 시각을 알리는 북을 치는 병졸에게 4경을 알리는 북을 되풀이하여 치게 했다. 4경을 친다는 것은 아직 날이 새지 않았다는 의미다.

사가법이 눈을 떠보니 날은 밝은 지 이미 오래였다. 그런데도 북소리는 아직도 4경을 알리고 있었다. 사가법은 당번병을 불렀다.

"누가 군령을 어기고 제멋대로 북을 치는가?"

당번병은 임민육의 지시를 사가법에게 아뢰었다. 사가법은 서둘러 관원들을 접견하고 업무를 시작했다. 사가법은 다시는 술을 입에 대지 않겠다고 다짐했다.

얼마 후 청나라 군사가 대대적으로 남하해 양주를 압박했다. 사가법은 각 진鎭의 장령들에게 긴급 격문을 보내 양주로 집결시켰다. 하지만 며칠이 지나도 아무도 오지 않았다. 사가법은 양주의 병력만으로는 청나라 군사를 막아낼 수 없다는 사실을 누구보다도 잘 알고 있었다. 청나라 군사는 마침내 양주성을 에워쌌다. 청나라 군사는 다섯 번이나 사람을 보내 사가법에게 투항을 권고했지만 사가법은 단호히 거절했다.

양주성은 백척간두의 위기에 놓였고, 담력이 약한 장령들은 두려움에 벌벌 떨었다. 다음날 총병總兵과 감군監軍 두 사람이 사가법을 배반하고 본부 병력을 이끌고 성을 빠져나가 청나라 군사에게 투항했다. 이로써 성안의 수비력은 더욱 약화되고 말았다. 사가법은 총동원령을 내렸다. 그는 동원된 백성들을 격려해 성곽의 수비를 맡겼다. 진행되는 상황으로 보아 서문西門이 가장 중요했기에 자신이 직접 서문의 방어를 맡았다. 사가법의 의연한 모습에 감동한 장졸들은 그와 생사를 함께하기로 맹세했다.

청나라 군사는 밤낮없이 성을 공략했고, 양주의 군사와 백성들은 혼신의 힘을 다해 계속된 공격을 막아냈다. 시간이 지나면서 청나라 군사는 사상자가 늘어갔고, 사기마저 떨어졌다. 마침내 청나라 군사는 대포를 동원해 성을 포격하기 시작했다. 그들은 사가법이 맡고 있는 서문의 방어가 가장 견고하다는 사실을 간파하고 이곳에 집중 포화를 퍼부었다. 서문으로는 포탄이 우박처럼 쏟아졌다. 성벽은 조금씩 깨지더니 결국 큰 구멍이 뚫리고 말았다.

사가법이 급히 뚫어진 구멍을 메웠지만 청나라 군사는 그 사이에 벌떼처럼 성안으로 몰려들었다. 더 이상 성을 지킬 수가 없다고 판단된 사가법은 칼을 뽑아 자신의 목을 찔렀다. 부장들이 잽싸게 사가법을 덮쳐 그의 칼을 빼앗았다. 사가법이 한사코 달아나려 하지 않자 부장들은 억지로 사가법을 잡아끌어 동쪽

쪽문으로 성을 빠져나갔다. 이를 발견한 청나라 군사들이 쫓아왔다. 하지만 청나라 군사들은 사가법을 보고서도 그가 사가법인 줄을 눈치 채지 못했다. 사가법은 다른 사람이 대신 희생당할 것을 염려한 나머지 일부러 고함을 쳤다.

"내가 도독 사가법이다. 어서 나를 죽여라!"

1645년 4월, 양주성은 함락되었고, 사가법은 죽임을 당했다. 성을 빼앗는 과정에서 많은 병력을 잃은 청나라 군사는 양주 백성들을 마구 죽여 보복했다. 살육은 열흘 동안이나 계속되었는데, 역사에서는 이 참혹한 사건을 일러 '양주십일揚州十日'이라고 부른다.

대학살이 끝나자 사가법의 양자 사덕위史德威는 사가법의 유해를 찾아 나섰다. 하지만 시신들이 산더미처럼 쌓여있는데다 부패가 심해 누가 누군지 알 수 없었다. 사덕위는 하는 수 없이 사가법이 평소에 입던 두루마기와 홀笏을 가져다 양주성 밖에 있는 매화령梅花嶺에 묻었는데, 이것이 지금까지 내려오는 사가법의 '의관총衣冠塚'이다.

사가법은 "이익을 보면 정의를 생각할 수 있고, 위험을 보면 목숨도 내던질 수 있는" 인물이었던 것이다.

40.
하늘을 원망하지 않고
사람을 탓하지도 않는다

공자가 말했다.
"나를 알아주는 사람이 없구나!"
자공이 말했다.
"어찌 선생님을 알아주는 사람이 없겠습니까?"
공자가 말했다.
"하늘을 원망하지 않고, 사람을 탓하지 않으며, 아래로는 인간사를 배우고, 위로는 하늘의 이치에 통달하니, 나를 알아주는 자는 아마도 하늘일 것이다!"

子曰자왈: "莫我知也夫막아지야부! 子貢曰자공왈: "何爲其莫知子也하위기막지자야?" 子曰자왈: "不怨天불원천, 不尤人불우인, 下學而上達하학이상달. 知我者其天乎지아자기천호!"

「헌문 憲問」

해설

공자는 비록 빈한한 출신이었지만, 현실에 매몰되지 않고, 기층의 학식과 고달픈 삶의 경험을 발판삼아 부단히 노력함으로써 자신을 수양했다.

공자는 고달픈 환경에서도 삶의 이치를 깨닫고 지혜를 쌓는다면 세속의 구속을 뛰어넘을 수 있다고 했다. 세상을 살면서 남이 이해해 주기를 바랄 필요는 없으며, 마음에 담고 있으면 하늘이 저절로 알아준다고 했다.

이 말은 자신을 부단히 닦아 하늘의 이치에 순응하고 세상의 이치에 부합한다면 무엇을 하든 자연스럽게 성공에 이를 수 있음을 일깨워준다.

예화

복자천이 시종관을 쫓아 노나라 임금을 일깨우다

노나라 출신인 공자의 제자 복자천宓子踐은 일찍이 노나라 조정에서 관리를 지냈다.

하루는 노나라 임금이 복자천을 단보單父라는 고장의 행정장관으로 내보냈다. 복자천은 마음이 편치 못했다. 지방에서 관리 생활을 하게 되면 임금에게서 멀리 떨어져 있어야 하므로, 자신의 정치적 업적은 알려지기 어려운 반면 소인배들의 비방을 받기는 쉬웠다. 게다가 임금이 소인배들의 비방을 귀담아 듣기라도 한다면, 자신이 지닌 정치적 포부는 물거품이 되어버릴 터였다. 복자천은 단보로 부임하기 전에 한 가지 묘안을 떠올렸다. 그는 임금에게 시종관 두 명을 요청했다. 훗날 적절한 시기에 그들을 이용할 셈이었다.

복자천이 위풍당당 단보에 부임하자 대소 관리들이 그를 찾아와 인사를 올렸다. 복자천은 두 시종관에게 인사를 온 관원들의 이름을 적게 하였다. 그런데 복자천은 시종관들이 이름을 기록하는 동안에 계속 시종관들의 팔을 잡고 흔들어 그들이 글자를 제대로 쓸 수 없게 했다.

복자천의 부임을 축하하러 사람들이 모여들자 복자천은 돌연 시종관에게 명부를 내보이게 하더니 그들을 매섭게 꾸짖었다. 사람들은 몹시 난처했다. 억울하게 모욕을 당한 시종관들은 화가 난 나머지 복자천에게 사직서를 냈다. 복자천은 그들을 만류하기는커녕 오히려 그들의 화를 돋우었다.

"네 놈들은 글씨조차 제대로 쓸 줄 모르니 큰일을 하기란 애당초 글러먹었다. 명심해라. 돌아가서도 네 놈들이 쓴 글씨처럼 멋대로 행동한다면 더 큰 문제가 생길 것이다."

원망을 품고 돌아간 시종관들은 임금에게 복자천의 행위를 낱낱이 보고했다. 그들은 임금이 이런 사실을 알게 되면 틀림없이 복자천을 질책할 것이고, 그러면 자신들의 억울함도 풀릴 것이라고 생각했다. 그들의 예상대로 임금은 불같이 화를 냈다. 하지만 임금은 이내 의구심이 들었다.

'두 시종관은 복자천 자신이 요청해 데리고 간 인물이 아니던가?'

임금은 공자에게 그 까닭을 물었다. 공자는 임금의 말에 빙그레 미소를 지었다.

"복자천의 행실은 군자의 행동입니다. 그의 재능은 패왕霸王을 보좌할 만합니다. 그는 작은 고장인 단보를 다스리면서 자기 나름의 정책과 소신에 따라 일을 처리한 것입니다. 그는 이를 빌려 대왕을 권계한 것으로 보입니다."

공자가 물러가자 임금은 두 시종관을 불러 이렇게 말했다.

"이는 너희들의 잘못이 아니다. 그렇다고 복자천을 나무랄 일도 아니다. 그는 내게 시위한 것이다. 예전에 그가 조정에 있을 때, 그는 늘 나라를 위한 의견을 내놓았지만 번번히 내 주변 사람들이 그것을 막았다. 너희들이 단보에서 글씨를 쓸 적에 복자천이 팔뚝을 붙들어 방해한 것은 일종의 비유였던 셈이다. 그는 내게 정치를 함에 있어서 바른 간언을 막는 신하들을 경계하라고 일깨워준 것이다. 간신들을 너무 쉽게 믿어서 국가의 대사를 망쳐서는 아니 된다는 것을 일깨워준 것이다. 너희들이 때맞춰 돌아오지 않았더라면 나는 비슷한 잘못을 또 저질렀을 것이다."

임금은 즉시 복자천에게 편지를 썼다. 사신은 복자천에게 편지를 전하며 이렇게 말했다.

"임금께서는 향후 단보의 정치를 완전히 일임한다고 하셨소. 단보의 발전을 위한 일이라면 무엇이든 스스로 결정해 시행하고 5년마다 한 번씩만 임금께 보고하면 되오."

복자천은 임금의 깨우침을 칭송했다. 복자천은 더 이상 아무 간섭도 없이 자신이 꿈꾸던 정치적 포부를 실행하게 되었다. 성품이 온후하고 군자의 기풍을 지닌 복자천은 예의로 백성들을 교화하여 단보를 훌륭하게 다스렸다.

복자천은 평소 행정 업무 처리에 있어서도 수완을 발휘했다. 평소에 그는 종일토록 한가히 거문고를 타면서 좀체 집무실에 나오지 않았다. 하지만 그가 다스리는 동안에 단보의 백성들은 생활이 넉넉하고 마음이 편안했다.

훗날 복자천이 단보를 떠나자 후임자로 공자의 제자인 무마기巫馬期가 부임했다. 무마기는 날이 새기도 전에 밖으로 나갔다가 밤이 이슥해서야 지친 몸으로 집무실로 돌아왔다. 무마기는 일에 매달리느라 음식을 먹어도 맛을 몰랐고 잠을 자도 깊이 자지 못했다. 그는 크고 작은 일을 모두 직접 챙기느라 매우 고달픈 나날을 보냈다.

무마기는 복자천이 별다른 노력을 기울이지도 않고 단보를 훌륭히 다스렸다는 말을 듣고 복자천을 찾아갔다. 복자천은 미소를 지으며 말했다.

"내게 무슨 비결이 있겠나? 단보를 다스릴 때 그곳 백성들의 힘을 빌렸을 뿐이지. 반면 자네는 혼자만의 힘을 쓰고 있지. 자기 힘에만 의존하니 힘들 수밖에. 하지만 나는 백성들의 힘을 빌렸으니 한결 편했을 수밖에 없지 않았겠는가?"

41.
지혜로운 사람은
사람도 잃지 않고 대화도 잃지 않는다

공자가 말했다.

"대화를 할 수 있는 상대인데도 대화를 하지 않는다면 그 사람을 잃게 되고, 대화를 나눌 상대가 아님에도 불구하고 대화를 나누게 된다면 그 말을 잃게 된다. 지혜로운 사람은 사람도 잃지 않고 말도 잃지 않는다."

可與言而不與言가여언이불여언, 失人실인, 不可與言而與之言불가여언이여지언, 失言실언. 知者不失人지자불실인, 亦不失言역불실언. 「위영공 衛靈公」

해설

　세상을 살면서 말을 어떻게 하느냐는 것은 매우 중요하다. 남에게 바른 말을 할 수 있음에도 남에게 미움을 살까 두려워 말하지 않는 것은 옳지 않은 일이다. 만약 어떤 친구가 잘못을 저질렀다면 그의 귀에 거슬리더라도 바른 말을 해 주어야 한다. 그렇지 않으면 그 친구에게 체면이 서지 않게 된다. 임금에 대해서도 마찬가지다. 예전에 많은 대신들은 충성스러운 직언은 죽음의 화도 부를 수 있다는 것을 알면서도 직언을 하는 것을 당연한 직분이자 도리라고 여겼다. 이런 인물들은 역사적으로 훌륭한 평가를 받았다.

　하지만 직언을 하는 것도 대상에 따라 해야 한다. 어떤 사람은 바른 말을 해 줄 방법이 없다. 바른 말을 해 주더라도 받아들이기는커녕 오히려 원한을 사게 된다. 그러므로 진정으로 지혜로운 사람은 말을 해야 하는 경우에는 하고, 해서는 아니 되는 경우에는 하지 않는다. 그러면 사람을 잃지도 않고 말을 잃지도 않는다.

예화

범수가 소양왕에게 간언하여 잘못을 바로잡다

　전국시대 진秦나라 소양왕昭襄王 때의 일이다. 당시 진나라의 실권은 태후와 그녀의 오라버니인 양후穰侯 위염魏冄의 수중에 있었다.

어느 날 소양왕은 장록張祿이 보낸 편지를 받았다. 긴급한 일로 뵙겠다는 내용이었다. 위魏나라 출신인 장록은 위나라의 대부 수가須賈의 문객으로, 본명은 범수范雎다. 범수는 위나라에 온 사신을 따라 진나라에 들어갔고, 진나라 사신이 그를 소양왕에게 추천해 이궁離宮에서 소양왕을 만날 수 있었다.

범수를 만난 소양왕은 그를 하찮은 인물로 여겼다. 하지만 범수에게 무슨 좋은 생각이 있을지도 모른다는 생각에 몇 가지 질문을 던졌다. 하지만 범수는 "예, 예."하며 응대할 뿐이었다. 이런 상황이 계속되자 범수를 추천한 사신은 무척 난감했다. 그가 숙소로 돌아와 범수를 나무라자 범수는 이렇게 대답했다.

"제가 내놓은 계책이 성공한다면, 진나라를 부강하게 만들고 천하의 패자가 되게 할 수 있습니다. 하지만 소양왕은 마음이 여기에 있지 않으니 저의 계책을 귀담아 듣지 않을 것이 자명합니다. 그래서 말하지 않은 것입니다."

사신이 이런 사실을 소양왕에게 전하자 소양왕은 다시 범수를 만나기로 했다. 범수는 이궁으로 가던 중에 소양왕이 탄 수레행렬과 마주쳤다. 범수는 일부러 임금을 알아보지 못한 것처럼 한쪽으로 비켜서지 않았다. 그러자 임금의 시종관들이 범수에게 호통을 쳤다.

"대왕께서 납신다."

하지만 범수는 덤덤하게 대꾸했다.

"엥? 진나라에도 대왕이 있단 말인가?"

범수가 시종관들과 입씨름을 벌이는 순간 소양왕이 당도했다. 범수는 아직도 무엇이라고 지껄이고 있었다.

"진나라에 태후와 양후가 있다는 말은 들었지만 대왕이 있단 말은 들어보지 못했는걸!"

이 말은 임금의 아픈 곳을 찔렀다. 소양왕은 얼른 범수를 이궁으로 데리고 가서 사람들을 모두 내보내고 독대했다.

"어떤 지혜를 과인에게 가르쳐 주시겠소?"

범수는 여전히 "예, 예."하며 응대할 따름이었다. 소양왕은 몸가짐을 단정히 하고 다시 물었다.

"선생께서는 과인을 일깨워주고 싶지 않으시오?"

임금은 자못 진지한 태도를 보였다. 범수는 비로소 입을 열었다.

"아닙니다. 저는 이곳저곳을 떠돌아다니는 사람입니다. 대왕과는 친분이 깊지 못합니다. 하지만 대왕께 올리는 계책은 모두 도움이 될 것입니다. 사실 대왕의 골육에게 영향이 미치는 문제인데, 제가 대왕의 마음을 알 수 없기에 거듭된 질문에도 대답을 망설인 것입니다. 이제 대왕의 진심을 알겠습니다. 오늘 말씀을 드리고 내일 죽임을 당하더라도 더 이상 피하지 않겠습니다. 어차피 죽음을 피할 수 있는 사람은 아무도 없습니다. 제가 죽어서 진나라에 도움이 된다면 그것은 제가 바라는 바입니다. 다만 염려스러운 것은 제가 죽은 뒤에도 모두들 입을 다물고 망설이는 것입니다."

"누가 연관되든 상관 말고 말씀해 보시오. 선생의 가르침을 성심껏 따르겠소."

"진나라는 땅이 넓고 군사들은 용맹해 제후들을 견제하기 어렵지 않음에도 15년 동안이나 아무 성과도 얻지 못했습니다. 이는 진나라의 재상이 나라를 위해 충심으로 일하지 않았기 때문입니다. 대왕께도 부족한 점이 있으십니다."

"어떤 점이 부족하오?"

"제나라는 진나라와 가까이 있지만 그 사이에는 한韓나라와 위나라가 있습니다. 대왕께서는 제나라는 손쉽게 무너뜨릴 수 있지만, 그들과 연합하는 것은 불가능하다고 여기십니다. 하지만 제가 보건대 먼 나라와는 평화롭게 지내고 가까운 나라는 공격하는 '원교근공遠交近攻'의 방법이 최상입니다. 제나라와 안정을 유지하면서 먼저 가까운 나라를 공격한다면, 국토를 넓힐 수 있습니다. 한 치를 빼앗으면 한 치가 늘어나고, 한 자를 빼앗으면 한 자가 늘어납니다. 한나라와 위나라를 먼저 정벌하면 제나라도 보전되기 어렵습니다."

소양왕은 고개를 끄덕였다.

"진나라가 여섯 나라를 정벌하고 중원中原을 통일한다면, 그것은 전적으로 원교근공의 책략 덕분이오."

소양왕은 즉시 범수를 객경客卿으로 삼고, 그의 계책대로 한나라와 위나라를 주요 공격 목표로 삼았다.

몇 년 동안 범수는 탁월한 공적을 남겼다. 소양왕의 신임은 갈수록 두터워졌고, 진나라에서 범수의 정치적 입지도 탄탄해졌다. 범수는 이제 해묵은 내정의 폐단을 제거할 때가 되었다고 판단하고 소양왕에게 이렇게 진언했다.

"현명한 임금은 나라 안에서 자신의 권위를 확고하게 세운 다음에 나라 밖에 위엄을 떨친다고 합니다. 지금 사람들은 장차 태후와 양후가 권력을 잡아 언젠가는 임금을 자리에서 끌어내릴 것이라고 합니다. 저는 백년 이후에 진나라를 통치하는 사람이 대왕의 자손이 아닐지도 모른다는 걱정이 듭니다."

소양왕은 이 말에 큰 두려움을 느꼈다. 즉시 태후를 폐위하고 양후 등의 직위를 박탈했다. 아울러 태후의 정치 참여를 완전히 금지시키고, 범수를 정식으로 재상에 임명했다.

범수는 뿌리를 튼튼하게 하고 가지를 잘라내는 방식으로 통일을 향한 진나라의 행보를 굳건하게 만들었다. 범수가 소양왕에게 올린 충언은 바로 "사람도 잃지 않고 말도 잃지 않은" 훌륭한 역사적 사례다.

42.
큰 뜻을 품은 사람은
자신을 죽여서 인을 이룬다

공자가 말했다.

"절개 있는 사람과 어진 사람은 자신이 살겠다고 인을 해치는 일이 없으며, 자신을 죽여서라도 인을 이룬다."

子曰자왈: "志士仁人지사인인, 無求生以害仁무구생이해인, 有殺身以成仁유살신이성인."

「위영공 衛靈公」

해설

공자는 군자는 '인'에 대한 신념을 지니고서 '인'의 도리를 지키려고 노력해야 하며, 곤경에 처했을 때는 '인'의 도리를 지키기 위해 생명도 바칠 수 있어야 한다고 생각했다. '살신성인殺身成仁'해야 한다는 것이다. 이 때문에 공자 이후의 유가들은 인생의 가치를 부귀나 장수에 두지 않고 '인'을 실천해 자신을 군자로 만드는 데에 두었다.

이런 신념은 역사적으로 소중한 자산이 되었다. 역사를 돌아보면 많은 인자仁者와 지사志士들이 목숨을 버리고 신념을 지켰다. 사람은 목숨 때문에 '인'을 어겨서는 아니 된다. 그것은 개인의 수양과 생명의 가치에 대한 인식을 보여주는 것이다.

예화

문천상이 목숨을 버리고 '인'을 취하다

문천상文天祥은 남송南宋의 명장名將이다. 그는 어려서부터 충신과 열사들에 대한 전기를 읽으며 그들과 같은 사람이 되겠다는 꿈을 키웠고, 남송이 몽골인에게 멸망당하자 나라를 되찾고자 모든 정력을 쏟았다.

당시 남송의 군사는 몽골군에게 쫓겨 남쪽으로 거듭 퇴각했다. 문천상은 1278년에 광동廣東 지방에서 몽골군에게 사로잡혔지만 자신의 뜻을 굽히지 않았다. 몽골군은 투항을 거부하는 문천상을 장홍범張弘範에게로 보냈다. 장홍범은 의도적으로 문천상의 포박을 풀어주고 따뜻이 대했다. 문천상이 말했다.

"투항하면 목숨을 부지하는 것은 물론 부귀영화를 누릴 수 있다는 사실을 잘 알고 있소. 하지만 머리가 두 쪽이 나더라도 결코 변절하지 않을 것이오."

당시 남송의 장수 장세걸張世杰은 몽골군에 완강히 저항하고 있었다. 장세걸은 평소 문천상의 사람됨을 무척 존경했다. 장홍범은 이런 사실을 알고 문천상에게 장세걸의 투항을 권고하는 편지를 써달라고 요청했다. 하지만 문천상은 냉소를 퍼부었다.

"내 부모도 구하지 못하면서 남에게 부모를 배반하라고 권하라는 것이오?"

그 후 몽골군은 장세걸을 격파했고, 장홍범은 장령들을 소집해 축하연을 열었다. 장홍범은 문천상을 연회 석상으로 불러내 이렇게 말했다.

"이제 송나라는 멸망했소. 승상께서는 마지막 충성심까지 모두 바치셨소. 이제 마음을 돌려 귀순한다면 재상의 자리를 보장해 드리리다."

문천상은 눈물을 머금고 말했다.

"나는 송나라의 대신으로서 나라가 망하는 모습을 지켜보고만 있었소. 이는 죽음으로도 씻을 수 없는 죄이니 어찌 살기를 바라겠소?"

장홍범이 거듭 귀순을 권유했지만 아무 소용이 없었다. 하는 수 없이 장홍범은 문천상을 대도大都로 압송했다. 문천상은 송나라에 대한 변함없는 충성심으로 힘든 이송 도중에서도 몽골군이 주는 음식은 받아먹지 않았다. 여드레를 굶었지만 숨이 끊어지지 않자 문천상은 비로소 음식물을 받아먹었다.

문천상이 대도에 도착하자 원元나라 조정에서는 그를 일등급의 객사에 머물게 하고 기름진 음식을 대접했다. 며칠이 지나자 재상이 사람을 보내 문천상에게 귀순을 권유했다. 하지만 문천상은 호통을 쳐서 돌려보냈다. 원나라 조정에서는 문천상을 다시 옥에 가누었다. 문천상은 작고 어둡고 눅눅한 옥에 홀로 갇히는 신세가 되었다. 감옥은 비가 내리면 바닥이 온통 물바다가 되었고, 더운 날에는 지열 때문에 찜통처럼 변했다. 벽을 사이에 두고 부엌과 곡식창고가 있어서 연기와 곰팡이 냄새가 진동했다. 게다가 화장실의 대변 냄새와 죽은 쥐가 썩는 냄새로 숨이 막힐 지경이었다. 하지만 문천상은 열악한 환경에서 몸은 망가졌지만 의지만은 전혀 꺾이지 않았다. 문천상은 옥중에서 천고에 전해지는 「정기가正氣歌」라는 작품을 남겼다.

문천상이 옥에 갇힌 지 3년째 되던 해에 하북河北 지방의 중

산부中山府에서 농민 봉기가 일어났다. 봉기에 앞장선 인물은 송나라 황실의 후손으로, 수천 명의 농민들을 규합하고 대도로 달려가 문천상을 구출하자고 호소했다. 이 사건은 원나라 조정을 깜짝 놀라게 만들었다. 만약 문천상을 살려 둔다면 또다시 이런 난리가 일어날 것이라고 생각했다.

하지만 원나라 세조世祖는 문천상을 회유하려는 미련을 버리지 못했다. 그는 직접 문천상에게 귀순을 권유했다. 하지만 문천상은 세조 앞에 무릎을 꿇으려 하지 않았다. 세조는 문천상에게 하고 싶은 말이 있으면 해보라고 하였다. 문천상은 이렇게 말했다.

"나는 송나라의 재상이오. 몸과 마음을 다하여 나라를 보필했지만 간신배들이 나라를 팔아먹어 능력을 모두 발휘할 수 없었소. 이제 나라를 되찾기는커녕 오히려 포로가 되어 모욕을 당하고 있소. 하지만 죽어서도 포기하지 않을 것이오."

말을 마친 문천상은 이를 갈면서 가슴을 두 주먹으로 두드렸다. 세조는 부드러운 얼굴로 문천상에게 귀순을 권유했다. 하지만 문천상의 태도는 변함없이 완강했다.

"나는 송나라의 재상이오. 두 나라를 섬기는 법은 세상에 없소. 내가 살아남는다면 지하에 계신 선열들을 무슨 면목으로 뵐 수 있겠소? 어서 죽여주시오. 더 이상 바라는 것은 없소."

세조는 더 이상 회유할 방법이 없다는 것을 깨닫고 결국 문천상을 처형하게 했다.

이튿날 문천상은 처형되었다. 사나운 북풍이 몰아치고 먹구름이 하늘을 뒤덮었다. 저잣거리에 마련된 처형장에는 삼엄한 경비가 펼쳐졌다. 사람들은 문천상이 처형된다는 소식에 구름처럼 모여들었다. 차꼬와 수갑을 찬 문천상은 평온한 얼굴로 형장으로 끌려 나왔다. 문천상은 군중들에게 어느 쪽이 남쪽인지를 묻고는 남쪽을 향해 반듯하게 앉았다.

"이제 나의 임무는 끝났구나!"

1283년 1월, 문천상은 47세를 일기로 장렬하게 산화했다. 문천상의 의대衣帶에는 이런 글귀가 쓰여 있었다.

"공자께서는 '자신을 죽여서라도 인을 이룩하라'고 하였고, 맹자께서는 '목숨을 버리더라도 인을 취하라'고 하였다. 인생의 대의를 다해야만 고상한 인자仁者의 경지에 이를 수 있기 때문이다. 공자와 맹자의 글에서 무엇을 배울 것인가? 오늘 나라를 위해 몸을 바친다면 마음의 부끄러움이 조금은 사라질 것이다."

43.
길게 생각하지 않으면 눈앞에 근심이 생긴다

공자가 말했다.
"사람이 길게 생각하지 않으면 눈앞에 근심이 생기게 마련이다."

子曰자왈: "人無遠慮인무원려, 必有近憂필유근우."
「위영공 衛靈公」

해설

"사람이 길게 생각하지 않으면 눈앞에 근심이 생기게 마련이다."라는 말은 장기적인 안목을 갖춤으로써 눈앞의 재난을 줄여야 한다는 것을 일깨워주는 말이다.

나라를 다스리는 일에 있어서는 더욱 장기적인 안목이 요구된다. 지도자는 안목이 짧아서는 아니 되며 멀리 내다보는 식견을 갖춰야 한다. 그렇지 않으면 금세 나라의 근심거리가 생겨나게 된다.

예화

풍훤이 맹상군을 위해 둥지 세 개를 마련하다

춘추시대 제齊나라에 맹상군孟嘗君이라는 인물이 있었다. 맹상군은 자기 집에 3천 명이나 되는 식객食客을 두고 있었는데, 식객들을 상, 중, 하 세 등급으로 나누고 서로 다르게 대우했다. 상등의 식객들에게는 날마다 고기와 생선을 제공하고, 또 외출할 때는 수레를 제공했다. 중등의 식객들에게는 생선과 야채를 제공했고, 하등의 식객들에게는 채소 반찬만을 제공했다.

하루는 한 친구가 맹상군에게 풍훤馮諼이라는 인물을 소개했다. 맹상군이 친구에게 물었다.

"풍훤이라는 자는 무슨 특기가 있는가?"

친구는 한참을 생각하더니 이렇게 말했다.

"특별한 장기는 없는 것 같군!"

맹상군은 친구의 말에 풍훤을 대수롭지 않은 인물로 여겼다. 맹상군이 풍훤을 대수롭지 않게 여기자 집안 일꾼들도 풍훤을 하등의 식객으로 대우했다.

풍훤은 자신에 대한 대우가 늘 불만이었다. 그는 날마다 불평을 늘어놓았다.

"사람들이 나를 이토록 홀대하니 떠나야겠군!"

풍훤의 불만을 알게 된 맹상군은 풍훤을 하등의 식객에서 상등의 식객으로 올려 대우하고 풍훤의 어머니에게도 음식물과 생필품을 보내주었다. 그러자 풍훤은 무척 기뻐하며 이렇게 다짐했다.

'맹상군께서 이렇게 우대해 주시니 이 은혜에 반드시 보답할 것이다.'

한번은 맹상군이 풍훤에게 설薛이라는 고장으로 가서 부채負債를 받아오게 했다. 풍훤은 설 땅 사람들에게 맹상군의 분부라며 빌린 돈을 갚지 않아도 좋다고 말했다. 그러자 사람들은 맹상군을 의로운 인물이라고 칭송했다. 이 일로 훗날 맹상군이 재상의 자리를 잃고 설로 돌아오자 고을 백성들은 그를 뜨겁게 환영했다.

맹상군이 설에 머무른 지 얼마 되지 않아 풍훤은 맹상군에게 이렇게 말했다.

"토끼는 자기 몸을 숨길 굴 세 개가 있어야 사냥꾼에게 잡힐 위험이 없습니다. 지금 설에 계시는 것은 토끼에게 굴이 하나밖에 없는 것처럼 위험합니다. 제나라 임금이 해치려 든다면 피할 곳이 없습니다."

"그러면 어찌 해야 좋겠소?"

"제게 묘안이 있습니다. 교활한 토끼가 세 개의 안전한 굴을 가지고 있는 것처럼 만들어 드리겠습니다."

풍훤은 양梁나라 혜왕惠王에게 달려가 맹상군이 재주가 뛰어난 인물이라고 소개했다. 풍훤의 말에 혜왕은 맹상군을 양나라의 재상으로 삼았다. 이런 사실이 제나라에 알려지자 제나라 임금은 몹시 당황했다. 제나라 임금은 서둘러 맹상군에게 융숭한 예물을 보내고 그를 제나라의 재상에 다시 임명했다.

한편, 풍훤은 맹상군에게 설에 종묘를 지어 설의 안전을 담보하게 했다. 설에 종묘가 완성되자, 풍훤은 다시 맹상군에게 이렇게 말했다.

"이제 굴 세 개가 모두 마련되었습니다. 오늘부터는 베개를 높이 하고 편히 주무실 수 있으십니다."

이리하여 맹상군은 재상의 자리에 있는 수년 동안 어떤 위험도 겪지 않았는데, 이는 풍훤이 미리 치밀하게 준비한 결과였다.

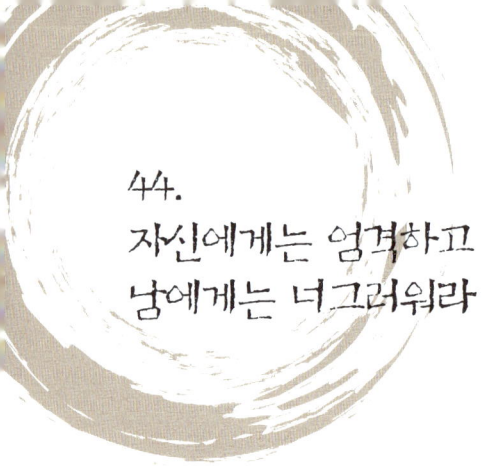

44.
자신에게는 엄격하고
남에게는 너그러워라

공자가 말했다.
"자신을 꾸짖음에는 엄격하고, 남을 꾸짖음에는 너그러워라. 그러면 남들의 원망을 부르지 않을 것이다."

子曰자왈: "躬自厚而薄責於人궁자후이박책어인, 則遠怨矣즉원원의."

「위영공 衛靈公」

해설

이는 남에게 '인'을 베풀라는 말이다. 서한西漢의 동중서董仲舒는 이 말에 대해 "인仁으로 남을 다스리고, 의義로 자신을 다스리며, 자신을 꾸짖음에는 엄격하고 남을 꾸짖음에는 너그럽게 하라는 말은 이를 이르는 것이다."라고 하였고, 남송南宋의 주희朱熹는 "자신을 꾸짖는 것이 엄격하기 때문에 자신을 더욱 수양하게 만들고, 남을 꾸짖는 것이 너그럽기 때문에 남들이 쉽게 따르게 된다. 따라서 사람들은 그를 원망할 수 없는 것이다."라고 설명을 덧붙였다.

공자는 수양을 통해 도덕을 갖춘 사람은 자신에게는 엄격하게 요구하되 남에게는 가혹하게 요구하지 말라고 했다. 설령 남이 잘못을 저지르더라도 자신에 대해서처럼 엄격해서는 아니 된다는 것이다. 이렇게 세상을 살아나간다면 남의 원한을 줄일 수 있다. 이런 태도는 "군자는 모든 책임을 자신에게 추궁하지만, 소인은 남에게 추궁한다."는 말과 일맥상통한다. 때문에 후세의 유학자들은 "자신을 진지하게 반성할 것"을 주장했다.

남을 꾸짖음에는 너그러운 마음을 가지고, 자신에 대해서는 엄격함은 지식인의 자기 수양에 있어서 갖추어야 할 기본적 태도다.

예화

염파가 인상여에게 잘못을 사죄하다

인상여藺相如는 전국시대 조趙나라의 인물이다. 그는 진秦나라에 사신으로 가서 조나라의 보배인 완벽完璧을 되찾아왔으며, 민지澠池에서 열린 회담에서 조나라의 혜문왕惠文王이 굴욕을 겪지 않게 만드는 공을 세웠다. 이 때문에 혜문왕은 인상여를 더욱 신임하여 상경上卿으로 삼았다. 인상여는 당시 정치적 라이벌이었던 장군 염파廉頗보다 지위가 높아졌다.

염파는 이런 현실을 인정할 수 없었다. 그는 자신의 수하에게 자신의 속내를 털어놓았다.

"나는 조나라의 대장군으로, 전쟁터에서 수많은 전공을 쌓으며 나라를 보위했다. 하지만 인상여가 한 일은 무엇인가? 고작해야 말재주로 자잘한 공을 세웠을 뿐이다. 그런데도 그는 나보다 지위가 높다. 게다가 인상여는 본래 비천한 출신이다. 나는 지금의 현실이 참을 수 없이 창피하다."

염파는 인상여를 만나면 면전에서 모욕을 줄 것이라고 공공연히 떠벌였다. 염파의 말은 인상여의 귀에도 흘러 들어갔다. 인상여는 염파와 마주치는 것을 피하려고 심지어 병을 핑계로 조회에도 나가지 않았다.

하루는 인상여가 문객門客과 함께 외출을 했다. 그들이 좁은 길을 지나가는데 멀리서 염파가 탄 수레가 마주 오고 있었다. 인상여는 얼른 마부에게 좁은 골목으로 피하도록 해 염파의 수레가 먼저 지나가도록 했다. 문객들은 인상여의 이런 행동을 도저히 이해할 수 없었다.

"저희가 가족들과 헤어져 선생을 따르는 것은 선생의 품행을 흠모해서입니다. 그런데 지금 선생께서는 염파 장군와 함께 조정에서 벼슬을 하면서 지위의 고하를 구분하지 않으십니다. 염파 장군은 선생을 비방하는데, 선생께서는 오히려 피하시니 너무 비굴한 것이 아닌지요? 저희가 비록 재주 없는 사람들이지만 이런 치욕은 받아들일 수 없습니다. 선생의 곁을 떠나게 허락해 주십시오!"

인상여는 불만에 찬 문객들을 다독거렸다.

"염파 장군과 진나라 임금 가운데 누가 세력이 크다고 생각하시오?"

"당연히 진나라 임금이 세력이 크지요."

"그렇소! 천하 제후들이 모두 진나라 임금을 두려워하고 있소. 조나라를 보위하고자 나는 면전에서 진나라 임금을 질책하고 또 그의 대신들에게 모욕을 퍼부었소. 강대한 진나라가 조나라를 넘보지 못하는 것은 염파 장군과 내가 함께 조정에 있기 때문이오. 만약 우리가 서로 불목하여 다툰다면 두 사람 모두 자기 세력을 지키지 못할 것이오. 진나라가 이를 알게 된다면 우리 조나라를 넘볼 것이 자명하지 않겠소? 이런 이유로 내가 물러서는 것이오. 나는 나라의 위난을 앞세우고 개인적 은원은 뒤로 하는 것일 뿐이오."

누군가 이 말을 염파에게 전했다. 염파는 대단히 부끄러웠다. 그는 웃옷을 벗고 가시나무를 지고 인상여의 집으로 찾아가 잘못을 빌었다.

"내가 못난 사람이오. 식견이 적고 도량이 좁았소. 상경을 뵐 면목이 없소. 나를 꾸짖어 주시오."

인상여는 얼른 염파를 부축해 일으켰다.

"우리 두 사람은 모두 조나라의 대신이오. 장군이 내 마음을 헤아려 주시니 너무 고맙소. 사죄라니 당치도 않은 말이오."

두 사람은 감격의 눈물을 흘렸다. 이로부터 두 사람은 서로에게 마음을 터놓는 절친한 벗이 되었다.

45.
자신이 원치 않는 일을 남에게 행하지 말라

자공이 물었다.
"평생토록 실천할 만한 말 한마디가 있겠습니까?"
공자가 말했다.
"아마도 '용서'라는 말일 것이다! 자신이 원하지 않는 일을 남에게 억지로 행하지는 말라."

子貢問曰자공문왈: "有一言而可以終身行之者乎유일언이가이종신행지자호?" 子曰자왈: "其恕乎기서호! 己所不欲기소불욕, 勿施於人물시어인."

「위영공衛靈公」

해설

자기 수양을 거쳐 도덕을 갖춘 사람은 자신을 완벽하게 함으로써 남에게 영향을 주고 나아가 사회를 바꾼다. 이는 매우 적극적인 태도이다. 반면 자신이 하고 싶지 않은 일은 남에게 강요하지 않는 것은 소극적인 태도이다.

"자신이 원하지 않는 일을 남에게 억지로 행하지는 말라."는 언급처럼 자신을 미루어 남에게 미치는 것은 공자가 일관되게 주장한 '용서'의 이치다.

예화

주흥이 자기 꾀에 죽음을 당하다

당唐나라의 여제女帝 무측천武則天이 반대파를 제거하려고 전국에 밀고령密告令을 내리자 사방팔방에서 밀고가 들어왔다.

무측천은 접수된 자료를 근거로 죄상을 심문했고, 이로 말미암아 수많은 잔혹한 심문관들이 나오게 되었다. 잔혹한 심문관들은 밀고 사건을 조사하면서 증거의 존재 여부에 상관없이 혐의자를 일단 고문부터 했다. 그러면 피의자는 잔혹한 고문을 견디지 못하고 끝내 거짓 자백을 할 수밖에 없었다. 수많은 심문관 가운데서도 주흥周興과 내준신來俊臣은 단연 잔혹하기로 악명을 떨친 인물이었다.

주흥과 내준신은 수하에 수백 명에 이르는 유민流民들을 확보하고, 그들에게 각지에서 정보를 입수해 밀고하게 하였다. 누가 모반의 혐의가 있다는 정보가 들어오면 즉시 잡아들이고 갖가지 증거를 날조했다. 내준신은 한술 더 떠 『고밀라직경告密羅織經』이라는 책을 편찬했는데, 피의자의 죄상을 꾸며내는 기법에 대해 전문적으로 기술한 책이었다. 주흥과 내준신은 각종 비인간적인 고문방법을 고안해 냈는데, 고문방법은 이름도 다양하고 방법도 가지가지였다. 그들은 일단 피의자를 잡아들이면 먼저 각종 형구刑具를 피의자 앞에 펼쳐놓았다. 그러면 피의자는 그것을 보는 순간 기겁을 하고 날조된 혐의를 순순히 시인했다. 주흥과 내준신은 이런 방법으로 수천 명을 죽였고, 수많은 가정을 파괴했다. 그들의 잔혹함은 당시 온 나라에 널리 악명을 떨쳤다.

그런데 한 강직한 대신이 무측천에게 밀고의 폐해에 대하여 조심스럽게 아뢰었다.

"지금 고발되는 각종 모반 사건은 대부분 조작해 누명을 씌운 것입니다. 이는 누군가 폐하와 대신 사이를 이간시키려는 음모일지 모르니 신중히 살피셔야 합니다."

하지만 무측천은 이 말에 귀를 기울이지 않았다. 밀고의 풍조는 갈수록 기승을 부렸다. 심지어 무측천이 가장 신임하던 호

위대장 구신적丘神勣도 모반을 꾸몄다는 누명을 쓰고 죽임을 당했다.

하루는 무측천이 한 장의 밀고장을 받았다. 그것은 주흥이 이미 처형당한 구신적과 모반을 공모했다는 놀라운 내용이었다. 무측천은 즉각 내준신에게 밀지를 내려 이를 조사하게 했다. 궁중의 태감이 무측천의 밀지를 내준신에게 전하러 갔을 때는 마침 주흥이 함께 술을 마시며 업무를 논의하고 있었다. 내준신은 무측천의 밀지를 보더니 소매에 집어넣고 태연히 주흥과 계속 이야기를 나누었다.

"요즘 피의자들은 자기 혐의를 잘 인정하려고 하지 않소. 이런 경우에는 어떤 방법을 쓰시오?"

주흥은 수염을 쓰다듬으며 빙그레 미소를 지었다.

"그거야 간단하지! 내가 새로운 방법을 개발했소. 큰 항아리를 불더미에 올려놓고, 혐의를 인정하지 않으면 항아리에 집어넣고 구워버리는 것이오."

"그것 참 좋은 방법이구려!"

내준신은 주흥과 이야기를 나누면서 수하에게 항아리와 불더미를 준비하게 했다. 불길은 활활 타올랐고 사람들은 모두 비지땀을 흘렸다. 주흥은 비로소 이상한 느낌이 들었다. 순간 내준신이 자리에서 벌떡 일어나더니 칼을 뽑으며 소리쳤다.

"태후의 밀지에 따르면 우리 주형께서 모반을 획책했다고 한다. 이실직고하지 않으면 저 항아리 속으로 들어갈 수밖에!"

눈앞이 아득해진 주흥은 자리에 털썩 주저앉고 말았다. 주흥은 내준신이 자신을 어떻게 고문할지 이미 알고 있었다. 그저 무릎을 꿇고 머리를 조아리며 혐의를 인정하는 수밖에 없었다. 내준신은 주흥의 자백을 근거로 사형을 확정하고 무측천에게 결과를 보고했다. 무측천은 자신을 위해 많은 일을 한 주흥이 반란을 꾸민 것이 사실인지 의구심이 들었다. 무측천은 주흥의 형량을 낮추어 멀리 영남 지방으로 유배시켰다. 하지만 평소 엄청난 죄를 저지른 주흥은 유배지로 가던 도중에 사람들에게 얻어맞아 죽고 말았다.

내순신은 여전히 무측천의 신임을 얻으며 승승장구했다. 그는 그 후로도 5, 6년 동안이나 억울한 희생자를 계속 만들어냈다. 얼마나 많은 관리와 백성들이 그에게 무고한 죽임을 당했는지 알 수 없었다. 심지어 재상 적인걸狄仁杰조차 무고로 감옥에 갇혀 하마터면 목숨을 잃을 뻔하였다. 내준신은 점점 대담해졌다. 그는 조정의 대권을 손에 넣고 싶은 야심이 불타올랐다. 무측천의 조카 무삼사武三思가 태평공주와 함께 내준신을 견제하러 나섰다. 그러자 내준신은 무삼사와 태평공주를 무고해 제거하려 하였다. 하지만 이는 간단치 않은 일이었다. 결국 무삼사와 태평공주가 선수를 쳐서 내준신이 남을 모함하고 형벌을 남용해 무고한 사람들을 죽인 사실을 낱낱이 폭로하고, 내준신을 잡아들여 사형 판결을 내렸다. 무측천은 내준신을 비호하고 싶었지만 그를 미워하는 사람들이 워낙 많았기 때문에 사형을 승인할 수밖에 없었다.

내준신이 형장의 이슬로 사라지던 날 사람들은 너무도 기뻐했다.

"이젠 안심하고 잠자리에 들 수 있게 되었다."

46. 소문을 듣고 퍼뜨리는 것은 덕을 버리는 짓이다

공자가 말했다.
"거리에서 말을 주워듣고 퍼뜨리는 것은 덕을 버리는 짓이다."

子曰자왈: "道聽而塗說도청이도설, 德之棄也덕지기야."
「양화陽貨」

해설

배움이란 진지하게 깊이 파고 들어가야지 길바닥에서 주워들은 것을 퍼뜨리는 식으로 해서는 아니 된다. 길바닥에 떠도는 소문을 듣고 퍼뜨리는 것은 자신의 도덕을 스스로 팽개치는 저급한 행위다.

무슨 일에든 이런 원칙을 굳게 지켜야 한다. 공부든, 학문이든, 수양이든 깊이 파고 들어가 사실여부를 살피고 따져야 한다. 아무렇게나 쉽게 믿고 전해서는 아니 되는 것이다.

예화

증삼의 어머니가 소문을 믿지 않고 자식을 믿다

공자의 제자인 증삼曾參의 고향 비읍費邑에는 증삼과 이름이 같은 사람이 살고 있었다. 하루는 그 증삼이 이웃 마을에서 남과 다투다가 그만 살인을 저지르고 말았다. "증삼이 사람을 죽였다!"는 소문은 순식간에 비읍에도 전해졌다.

증자의 어머니에게 이 소식을 처음으로 알린 사람은 이웃 사람이었다. 그런데 그는 자기 눈으로 살인범을 직접 목격한 것이 아니라 한 목격자에게서 살인범의 이름이 '증삼'이라는 이야기를 전해 들었을 뿐이었다. 아무튼 그 이웃 사람이 "증삼이 사람을 죽였다"는 소식을 증삼의 어머니에게 전했지만, 증삼 어머니의 반응은 전혀 예상 밖이었다. 놀라기는커녕 아무렇지도 않다는 듯 베를 짜는 것이 아닌가!

증자의 어머니는 평소 아들을 매우 자랑스러워했다. 그녀는 아들의 살인 소식을 듣고서도 아들에 대한 믿음을 잃지 않았던 것이다.

'우리 아이는 공자님의 훌륭한 학생이다. 그런 그가 어떻게 하늘의 이치를 거스르는 짓을 하겠는가?'

어머니는 이웃 사람에게 단호하게 말했다.

"내 아들은 사람을 죽였을 리가 없소."

잠시 후 또 한 사람이 허겁지겁 달려오더니 증자의 어머니에게 말했다.

"정말로 증삼이 사람을 죽였답니다!"

하지만 증삼의 어머니는 여전히 아무 대꾸도 않고 베틀에 앉아 태연히 베를 짰다.

잠시 후 또 한 사람이 달려와 소리쳤다.

"지금 밖이 난리예요. 사람들이 증삼이 사람을 죽인 것이 분명하다고들 해요."

이 말에 증삼의 어머니는 비로소 심장이 요동치기 시작했다. 기실 증삼의 어머니는 살인이라는 엄청난 일을 자꾸만 자기 아들에게 연계시키는 것이 마냥 두려웠다. 어머니는 아들의 행방은 묻지도 않고 손에 든 북을 내던지더니 대문을 걸어 잠그고 담을 넘어 어디론가 몸을 숨기고 말았다.

증자는 훌륭한 품성을 지녔기에 어머니는 그런 아들을 믿었다. 그러므로 "증삼이 사람을 죽였다"는 소문도 증자의 어머니에게서는 힘을 얻지 못했던 것이다. 하지만 헛소문도 되풀이하면 그런 믿음도 뒤흔들 수 있는 것이다.

근거 없는 유언비어는 무서운 것이다. 명백한 근거를 바탕으로 분석적으로 살펴야지 소문을 경솔히 믿어서는 아니 된다.

47. 위기에 부딪치면 목숨을 바칠 생각을 하고, 이익을 얻게 되면 정당한 것인지 생각하라

자장이 말했다.

"선비는 위기에 부딪치면 목숨을 바칠 생각을 하고, 이익을 얻게 되면 정당한 것인지를 생각해야 한다. 제사를 지낼 적에는 공손한지를 생각하고, 상례를 치를 적에는 슬퍼하는지를 생각해야 한다. 그러면 된다."

子張曰자장왈: "士見危致命사견위치명, 見得思義견득사의, 祭思敬제사경, 喪思哀상사애, 其可已矣기가이의."

「자장子張」

해설

이는 공자의 제자 자장子張이 지식인이 갖추어야 할 덕목에 대해서 언급한 것이다.

지식인은 나라가 위급한 상황에 처하면 자신의 목숨을 바치는 것도 주저하지 말아야 한다. 나라가 위기에 처하면 비로소 누가 충신인지 알 수 있다는 말은 바로 이런 의미에서 나온 것이다. 이런 사고방식에서 역사적으로 많은 의인義人들이 나오게 되었던 것이다. 그들은 결정적인 위기의 순간에 자신의 생명을 던져 나라를 구해 냈다.

지식인이 갖추어야 할 또 하나의 중요한 덕목은 자신이 이익을 얻게 되면 그것이 정당한 것인가를 생각해야 한다는 것이다. 이익을 얻게 되면 그것을 향유할 생각을 하지 말고 먼저 그것이 정의에 부합되는지를 생각해야 한다. 때문에 역사적으로 정의로운 인물들은 "세상 사람들이 먼저 즐긴 다음에 즐기는" 경지를 흠모했던 것이다.

자장의 언급은 공자의 주장과도 일맥상통한다. 공자는 시종일관 지식인은 책임질 줄 알아야 한다는 점을 강조했다.

예화

안고경이 안록산의 반란군에 맞서다

755년 10월, 안록산安祿山이 주도면밀한 준비를 거쳐 범양范陽에서 반란을 일으켰다. 15만 명에 이르는 안록산의 반란군은 남쪽으로 내려와 하북평원으로 진격했다. 뽀얀 흙먼지가 대지를 뒤덮고 북소리는 천지에 진동했다. 주변 고을의 관리들은 모두 달아나거나 반란군에게 투항했다. 반란군은 아무런 저항도 받지 않고 거침없이 남진해 황하를 건너 낙양洛陽을 수중에 넣었다.

이처럼 위급한 순간에 가장 먼저 반군을 공격한 인물은 상산常山의 태수 안고경顔杲卿이었다. 안고경은 원래 안록산의 수하였다. 그런데 안고경에게 상산의 태수를 맡긴 안록산은 안심하지 못하고 안고경의 아들과 조카를 인질로 잡아 두고 있었다.

안고경은 안록산의 반란군이 황하를 건너 낙양을 점령하자 마침내 군사를 일으켜 대항하기로 결심했다. 안고경의 사촌 동생인 평원태수 안진경顔眞卿도 1만 명이 넘는 군사를 모았다. 그는 안고경에게 정형관井陘關을 빼앗아 반란군의 배후를 잘라 버리라고 권유했다. 안고경은 정형관의 수비대장이 흐리멍덩한 인물임을 알고 안록산의 명령이라고 속이고 술과 음식을 잔뜩 보내 그를 안심시켰다. 안고경은 수비대장이 술에 취해 쓰러지자 목을 베고 정형관을 손에 넣었다.

안고경이 정형관을 점령하자 군사들은 사기가 크게 올랐고, 이튿날에는 두 명의 반란군 장수를 사로잡았다. 안고경은 하북 지방의 각 고을 관리들에게 사람을 보내 이렇게 말했다.

"지금 조정에서 관군 20만 명을 보내 안록산의 반란군을 토벌하려고 하오. 관군은 이미 정형관을 넘어섰으니, 조만간 하북의 각 고을에 도착할 것이오. 안록산의 위협 때문에 배반한 경우에는 서둘러 투항하면 큰 상을 내릴 것이지만 만약 반항한다면 죄가 한 등급 무거워질 것이오."

하북 지방의 관리들은 다투어 안고경에게 투항했다. 마침내 하북 지방의 24개 고을 가운데 17개 고을이 관군에 투항했다.

동관潼關으로 진격하려던 안록산은 하북 지방 대부분이 안고경에게 투항해 후방이 불안하다는 소식에 계획을 수정해 낙양으로 돌아갔다. 안록산은 낙양에서 스스로 '대연황제大燕皇帝'라고 일컬었다. 안록산은 장군 사사명史思明과 채희덕蔡希德에게 각각 1만 명의 군사를 주어 두 갈래로 나뉘어 상산을 공격했다.

당시 안고경은 몇 차례 승리를 거두기는 하였지만, 군사를 일으킨 지가 겨우 8일밖에 되지 않아서 방어용 진지조차 미처 만들지 못하고 있었다. 게다가 병력도 적어서 두 갈래로 나뉘어 공격하는 반란군을 막아낼 수 없었다. 반란군이 상산까지 쳐들어오자 다급해진 안고경은 급히 태원太原으로 사람을 보내 구원을 요청했다. 하지만 태원의 수비대장인 왕승업王承業은 도우려 하지 않았다.

사사명은 상산을 단단히 에워싸고 공격을 퍼부었고, 안고경은 상산의 군민軍民을 이끌고 완강히 맞섰다. 전투는 나흘이나 계속되었고, 결국 무기가 바닥난 안고경의 부대는 무너지고 안고경은 사로잡혔다. 사사명은 상산을 수중에 넣고, 안고경을 낙양에 있는 안록산에게 압송했다.

안록산은 안고경을 꾸짖었다.

"나는 범양의 낮은 벼슬아치이던 너를 추천해 판관의 직책을 맡기고 또 상산태수를 맡겼다. 무엇이 불만스러워 내게 반기를 들었느냐?"

안고경은 눈을 부라리며 안록산을 꾸짖었다.

"우리 가문은 조상 대대로 당나라의 신하로 충성을 다 바쳤소. 비록 당신의 추천으로 상산태수가 되었지만, 그렇다고 함께 반란을 일으켜야 하는 것은 아닐 것이오. 당신은 본래 양치는 목동이었소. 나라에서는 그런 당신에게 삼진절도사의 자리를 주었소. 나라를 위해 당신의 목을 베지 못한 것이 안타까울 따름이오."

분노한 안록산은 안고경을 다리 밑으로 끌고 가 교각에 붙들어 매고 잔혹한 형벌을 가했다. 안고경은 사지의 마디가 모두 풀렸지만 혹형을 꿋꿋이 견디면서 안록산에게 끊임없이 욕설을 퍼부었다. 반란군의 군졸들은 안고경의 혀를 잡아 뽑았다. 안고경은 피를 토하면서도 욕설을 멈추지 않았다. 안고경의 아들과 조카들도 모두 손발이 잘리고 살점이 뜯기는 잔혹한 형벌을 당했다. 지나가던 사람들은 참혹한 광경에 고개를 돌리고 눈물을 흘렸다.

안고경이 군사를 일으켜서 무너지기까지는 열흘 남짓에 불과했다. 하지만 그들의 저항은 반란군의 진격을 저지시킴으로써 관군이 대비할 수 있는 시간을 주었고, 또 그들의 저항 정신은 많은 사람들의 의지를 북돋웠다.

안고경이 죽임을 당한 지 한 달 뒤 하동절도사 이광필李光弼이 정형관으로 진격하여 반란군을 물리치고 상산을 되찾았다. 안록산의 반군에게 고통을 당하던 하북 지방의 백성들은 곽자의郭子儀와 이광필이 대군을 이끌고 온다는 소문에 자발적으로 보루를 쌓고 반란군에게 맞섰다. 이에 고무받은 관군은 한층 사기가 올라 반군을 연파하고 하북 지방의 많은 고을을 수복했다.

48. 군자는 사소한 도리를 일삼지 않는다

자하가 말했다.
"비록 작은 재주라고 하더라도 거기에는 분명 볼 만한 것이 있다. 하지만 원대한 것을 이루는 데는 방해가 될 수도 있기 때문에 군자는 그런 일을 하지는 않는다."

子夏曰자하왈: "雖小道수소도, 必有可觀者焉필유가관자언; 致遠恐泥치원공니, 是以君子不爲也시이군자불위야."

「자장子張」

해설

공자는 "세 사람이 함께 길을 가다 보면 그들 사이에서는 반드시 본받을 만한 것이 있게 마련이다."라고 했다. 이는 언제 어디서나 지식을 익힐 수 있으므로, 사람은 폭넓게 배워야 한다는 것을 강조한 말이다.

배움에는 여러 가지가 있다. 사소한 재주는 비록 큰 학문은 아니지만 거기에는 또한 여러 가지 이치가 들어 있기에 깊이 들어가면 얻는 것이 있게 마련이다. 하지만 자하子夏는 사소한 재주라도 거기에서 얻을 수 있는 것이 있지만 거기에 정신을 빼앗기면 진흙탕에 빠진 것처럼 헤어나기 어렵기 때문에 군자는 이런 것에 관심을 두지 않고 대도를 걷는다고 하였다.

배움과 수양의 이치는 무엇을 배우든 깊이 들어가고 또 빠져나올 수 있어야 하며 그것에 사로잡혀서는 아니 된다.

예화

기름장수가 진요자를 일깨우다

송宋나라 때에 진요자陳堯咨라는 활의 명수가 있었다. 그는 1백 보 밖에서도 작은 나뭇잎을 정확히 맞추었다. 세상에는 그의 활솜씨를 따를 자가 없었고, 진요자도 자기 활솜씨에 대단한 자부심을 지니고 있었다.

한번은 그가 뒤뜰에서 활쏘기를 연습하고 있었다. 주변으로 구경꾼이 하나둘 모여들었다. 구경꾼 가운데는 나이 든 기름장수가 있었다. 기름장수는 멜대를 내려놓고, 진요자가 활을 쏘는 모습을 한참 동안 구경했다.

진요자의 솜씨는 과연 소문대로였다. 그가 쏜 화살은 하나같이 과녁의 정곡을 정확하게 꿰뚫었다. 구경꾼들은 아낌없이 갈채를 보냈지만 기름장수는 고개만 끄덕일 뿐이었다.

진요자는 자신을 무시하는 것만 같은 기름장수의 태도가 몹시 불쾌했다. 그는 활을 내려놓고 기름장수에게 물었다.

"당신도 활을 쏠 줄 아시오? 내 솜씨가 대수롭지 않다고 여기는 것이오?"

"그렇소. 별 것 아니오. 그저 연습을 많이 해서 익숙해진 것일 뿐이오."

기름장수는 차분히 대답했다. 이 말에 진요자는 발끈 화를 냈다.

"감히 내 솜씨를 무시하다니!"

기름장수는 여전히 차분하게 말했다.

"오랜 세월 동안 기름을 팔면서 그런 이치를 깨달았소. 내 솜씨를 한번 보여드리지요."

기름장수는 호로병을 바닥에 내려놓고, 엽전을 호로병의 주둥이에 올려놓았다. 그리고 국자로 기름통에서 기름을 퍼내 호로병에 따랐다. 실처럼 가느다란 기름이 호로병으로 끊임없이 흘러 들어갔다. 병 가득 기름을 따르고 나서 동전을 살펴보니 단 한 방울의 기름도 묻어 있지 않았다. 사람들은 탄성을 질렀고, 기름장수는 빙그레 웃었다.

"이것도 사실은 전혀 놀라울 것이 없는 하찮은 재주에 불과하오. 그저 손에 익숙해졌기 때문일 뿐이오."

진요자는 껄껄 웃더니 기름장수를 정중히 전송했다.

49. 널리 배워 뜻을 돈독히 하고 간절히 물어 문제에 접근하라

자하가 말했다.
"널리 배우고, 뜻을 돈독히 하고, 절실히 묻고, 많이 생각하면, 어짊은 그 가운데 있다."

子夏曰자하왈: "博學而篤志박학이독지, 切問而近思절문이근사, 仁在其中矣인재기중의."

「자장 子張」

해설

사람은 폭넓은 지식을 갖추어야 하지만 지식이 넓으면 중심을 잃기 쉽다. 따라서 자기 수양을 잘하고 자기 의지를 분명히 해야만 의지를 굳게 하고 '인'의 도리를 지켜낼 수 있다. 배움에 있어서는 의문점을 잘 찾아내고, 여기에 자신의 경험을 잘 결부시켜야 한다. 공부든 사업이든 굳은 의지를 지니고, 지식을 꾸준히 쌓고, 자기 수양을 진지하게 행해야 하는 것이다. 기술이나 예능을 배우더라도 겉모습에 만족해서는 아니 된다. 깊이 이치를 찾고 의지를 꺾지 않아야만 자신이 바라는 경지에 도달할 수 있다.

예화

사문이 거문고의 도를 터득하다

노魯나라의 사양師襄은 거문고의 명수였다. 사양이 거문고를 타면 새들이 날아와 춤을 추고, 물고기들이 가락에 맞춰 뛰어놀았다고 한다.

정鄭나라의 사문師文은 이런 소문을 듣고 사양을 흠모하게 되었다. 마침내 그는 사양을 찾아가 스승으로 모시고 거문고를 배웠다. 사양은 사문을 직접 지도했다. 그런데 사문은 손가락이 너무 굳어서 3년 동안이나 거문고를 배웠지만 단 한 곡도 연주하지 못했다. 사양은 더 이상 가망이 없다는 생각이 들었다. 그는 사문에게 이렇게 말했다.

"아무래도 거문고를 배우는 것은 어려우니 이만 돌아가는 편이 낫겠구나!

사문은 거문고를 내려놓으며 한탄했다.

"제가 거문고를 조율할 줄 모르는 것도 아니고, 곡을 연주할 줄 모르는 것도 아닙니다. 제가 바라는 것은 거문고를 조율하거나 곡을 단순히 연주하는 것이 아니라 표현하기 어려운 감정을 거문고 소리에 담아내는 것입니다. 저는 아직 제 감정을 정확히 파악하지 못했습니다. 특히 거문고 소리와 교감할 때면 순간적으로 거문고 줄을 만질 수가 없습니다. 좀 더 시간을 가지고 살펴주십시오."

얼마 후 사문은 다시 사양을 찾아갔다. 사양이 물었다.

"지금은 어떤가?"

사문은 마음속으로 미리 셈을 하면서 대답했다.

"이제 겨우 입문했습니다. 한번 시험해 보십시오."

사문은 거문고를 타기 시작했다. 먼저 음력 8월을 상징하는 곡을 연주했다. 마치 소슬한 가을바람이 거문고 소리를 타고 얼굴을 스치는 것 같았고, 초목에 열매가 맺는 느낌이 들었다. 사문은 이어서 황금빛 계절 가을에 이어 2월을 상징하는 곡을 연주했다. 그러자 이내 따스한 봄바람이 귓전을 간질이는 느낌이 들었다. 금세라도 붉은 꽃망울이 터질 것만 같은 농익은 봄날의 정경이 떠올랐다. 이어서 11월을 상징하는 음악을 연주하자 금세 눈보라가 몰아치고 강물이 얼어붙은 삭막한 광경이 눈앞에 펼쳐졌다. 다시 5월을 상징하는 음악을 연주하자 마치 뜨거운 태양이 이글대는 것 같은 모습이 펼쳐졌다.

연주가 끝나가자 사양은 양손으로 가슴을 두드리며 흥분을 감추지 못했다.

"정말 미묘하구나! 진晉나라의 사광師曠이나 제나라의 추연鄒衍도 따라오질 못할 것이야. 그들이 여기 온다면 너의 제자가 될 것이야!"

| 알짬 고전 시리즈 1 |

명언과 역사로 보는
공자의 논어 이야기

초판 1쇄 발행 | 2008년 10월 20일
초판 3쇄 발행 | 2011년 3월 10일
기획 | 중국공자기금회
지은이 | 工佩刊 吒麗
옮긴이 | 남종진
발행인 | 강희일 · 박은자
발행처 | 다산미디어
디자인 | 민하디지탈아트 (02)3274-1333

주소 | 서울시 마포구 용강동 494-85 다산빌딩 402호
전화 | 717-3661
팩스 | 716-9945
이메일 | dasanpub@hanmail.net
홈페이지 | www.dasanbooks.co.kr
등록일 | 2005년 7월 14일
등록번호 | 제313-2005-151호
도서유통 | 다산출판사

이 책의 판권은 다산미디어에 있습니다.
잘못된 책은 구입하신 서점에서 바꾸어 드립니다.

ISBN 978-89-86316-19-3 04100
ISBN 978-89-86316-18-6(세트)
정가 9,000원